Envejece un perro tras los cristales

Envejece un perro
tras los cristales

«Cuaderno de Tokio» seguido de «Cuaderno de Iowa»

HORACIO
CASTELLANOS MOYA

LITERATURA RANDOM HOUSE

ÍNDICE

CUADERNO DE TOKIO

Los cuervos de Sangenjaya

Dedico este libro a mis amigos japoneses, quienes no perdonarán mi impudicia, tan ajena a sus costumbres.

(1) Shibuya City Hotel. Primera mañana en Tokio. Intoxicado de impresiones. ¿Qué contar? Veo una masa amorfa, de rostros y nombres desconocidos, rótulos abigarrados y signos incomprensibles. Anoche tuve mi primera cena japonesa, con bonito y atún crudos, y una larga sobremesa con sake. En la madrugada desperté con hipertensión; tomé la pastilla y volví al sueño. Un propósito: salir de mí mismo hasta donde sea posible. Otro propósito: no comparar, nada más empaparme de impresiones sin comparar. La oportunidad: formar al observador, hacerlo crecer. Veremos qué dicen los compañeritos del tiovivo.

(2) Pues los compañeritos del tiovivo protestaron anoche. Dormí a saltos. Hablé con S. Los meandros de la carne me atormentaron, como si no me hubiese propuesto evitarlos. La sensación de estar untado en el pasado, cual mantequilla rancia sobre pan viejo.

(3) El hotel está ubicado al pie de la colina de Shibuya, en cuyas empinadas callejuelas pululan los llamados «hoteles del amor», y también bares, discotecas, restaurantes, sexshops. Veo pasar a parejillas tomadas de la mano. Mi entrepierna suspira.

(4) Noche en vela. G y R hablaron sobre literatura venezolana en el Instituto Cervantes. Luego fuimos a cenar a un izakaya cerca de la estación Ichigaya. Media docena de chicas muy jóvenes y guapas, alumnas de español de R en la Universidad de Kanda, nos acompañaban. Me senté entre ellas. Erré con los palillos. Hablé mucho. Tener opiniones y querer pregonarlas me hizo sentir imbécil. A medianoche tomamos el último tren hacia Shibuya. Le pregunté a R si era normal que el profesor saliera de parranda con sus alumnas. Me vio como si yo fuese un extraterrestre. Anduvimos de bar en bar hasta las cinco de la mañana, cuando ellas tomaron los primeros trenes hacia los lejanos suburbios donde viven. Quedé vaciado.

(5) Conseguí apartamento, gracias a R y a K, quienes ya tenían casi todo arreglado. Mucho trajín en los trenes; transcurrí como zombi. Llegamos a la oficina de bienes raíces luego de salir del

laberinto de pasajes subterráneos de la estación Shinjuku. Debo pagar en efectivo, me advierten, nada de tarjeta o cheque, en este país se paga en efectivo. Y debo venir a pagar a esta misma oficina, si no me extravío en el laberinto de la estación, el día 9 de cada mes.

(6) El recinto o edificio tiene dos pisos, cada piso con ocho habitaciones iguales y alineadas, a las que se accede por un pasillo interno. Mi habitación está en el segundo piso; es la séptima hacia el fondo. Todo parece prefabricado, hasta las escaleras que se zarandean a mi paso. El material de las paredes semeja el cartón. Las reglas de silencio son estrictas: sé que tengo vecinos sólo por el ruido que hacen al abrir sus puertas.

(7) Me despiertan los cuervos de Sangenjaya. He pasado mi primera noche en la estrecha habitación amueblada, con baño, cocineta y lavadora, mal llamada apartamento. Recupero fuerzas. Trato de regularizar el sueño. Debo comprar una cafetera italiana, una ensaladera, una lámpara de mesa.

(8) El graznido de los cuervos, a veces agreste, a veces violento, me remonta a aquella ocasión en que recorrí la ribera del río Birs en busca del sitio donde había muerto en mi sueño. Cuando al fin creí alcanzarlo, y recordaba la forma en que ahí me había ahogado, una bandada de cuervos comenzó a graznar en el cielo y a volar en círculos sobre mi cabeza. Un escalofrío erizó mi piel. Me retiré deprisa.

(9) El escritor en su celda, en su torreta. El viejo tema. En mi caso la vida se mueve en círculos. La habitación que ahora tengo me rememora la primera que renté fuera de casa de mis padres, a mis veintiún años, en Madison Avenue, en Toronto. Lo que cierra la curvatura es que ahora me hayan pedido, y me disponga a escribir, un texto autobiográfico precisamente sobre aquella lejana época de mi vida.

(10) Pregunta matutina: ¿qué parte de tu felicidad ordinaria depende de ser alabado? Respuesta: toda.

(11) No puedo abrir una cuenta bancaria hasta que me den mi credencial de residente en la delegación

Setagaya. El trámite tardará dos semanas. Mientras, he de llevar mi dinero en un cinturón de seguridad oculto bajo el pantalón, como Rimbaud llevaba el fruto de sus andanzas en el desierto de Abisinia.

(12) Te refocilas en tu flaqueza. Estás desorientado. Quisieras salir corriendo, pero sólo tienes energías para tirarte en la cama.

(13) Esta ciudad es una tentación continua: las colegialas adolescentes visten como uniforme unas minifaldas provocadoras, ya sea azul oscuro o a cuadros grises, que dejan al aire piernas tentadoras, motivo de ansiedad para el viejo libidinoso que algunos llevamos dentro. El uniforme se complementa con una blusa blanca, calcetas oscuras casi hasta la rodilla y unos mocasines color vino. R me advierte que la ley es tremenda, que por nada en el mundo se me vaya a ocurrir tocarle las nalgas a una niña en el metro.

(14) Me percato de que padezco una crisis de estilo, traspié de la sintaxis.

(15) Amanece minutos antes de las cuatro y media. La temperatura no desciende en la noche: se mantiene el calor húmedo y pegajoso.

(16) La presencia de los cuervos al amanecer es abrumadora. Sus graznidos, fuertes y hasta desgarradores, comienzan con el primer resplandor, y se imponen sobre el ruido de los autos y la gran ciudad.

(17) Has venido a esta ciudad a observar tu locura, a comprenderla, si la suerte está de tu lado. Si no lo está, sólo quedará la locura.

(18) R no tiene teléfono celular, dice con orgullo que él pertenece al «club de los desmovilizados». ¡No al teléfono móvil!, proclama. Me pregunta, inquisidor, si yo compraré uno. Le digo que de ninguna manera, que yo perteneceré a su club, pero iré más allá, la marca del extremista: viviré en Tokio sin ningún tipo de teléfono.

(19) Percibes la red que te tiene atrapado, la maraña que no te deja ver ni avanzar. La percibes, por un

momento tan sólo. Pero nada puedes hacer para salir de ella.

(20) Debo caminar más de tres cuadras para llegar a la avenida principal, por la que transitan los autobuses y bajo la que corre el tren de cercanías. En las callejuelas enrevesadas y laberínticas del barrio, el medio de transporte es la bicicleta. Camino por mi derecha, atento a las parvadas de ciclistas. Me fascina la pericia de esas mujeres que conducen el manubrio con una mano y con la otra sostienen la sombrilla abierta que las protege del sol, a veces hasta llevando dos niños: uno en la canastilla del frente y otro en el asiento sobre la rueda trasera.

(21) La literatura como oficio de hombres desesperados es la que cuenta.

(22) Carece de nombre la calle en la que vivo; carecen de nombre todas estas calles, callejuelas y pasajes. La dirección postal consta del nombre del barrio seguido por tres números, separados por guiones: el primer número corresponde a la sección, el segundo a la manzana y el tercero a la casa.

Por ejemplo, Mishuku 1-14-2. Menudo enredo. Sólo las grandes avenidas merecen un nombre.

(23) Caminas con vergüenza, como si los demás transeúntes pudieran percibir con claridad tu suciedad privada, lo que a nadie revelas, lo que te avergüenza.

(24) Todo a escala reducida. Una gran ciudad donde todo lo personal es a escala bonsái, como si la intención fuera hacer al hombre cada vez más pequeño.

(25) Escribes como si estuvieras preso en una pequeña celda. Tienes que buscar las posiciones más insólitas para poder escribir. Y lo haces sin comodidad. Tu escritura será reflejo de ello.

(26) He visto en la web un vídeo con una entrevista a la escritora que más libros vende, a la best seller por antonomasia. Dice que escribe historias felices. No he sentido envidia, nada más cierta repugnancia. ¿O es eso la envidia?

(27) Domingo. Siete y media de la mañana. Esta raza no descansa: rumbo a la escuela ubicada en la siguiente manzana, sin uniformes, acompañados por sus padres, con una especie de cartilla en las manos, decenas y decenas de muchachos recorren la calle por debajo de mi ventana. Desde los árboles y los postes del alumbrado, los cuervos les graznan con agresividad.

(28) Comprender lo que haces en esta pequeña habitación, en esta metrópoli, en este lado del planeta, es un reto que te rebasa.

(29) Pasa un auto, a vuelta de rueda, con un altavoz desde el que repiten un mensaje, quizá importante, porque son las nueve de la mañana de domingo, o quizá no. Yo no entiendo una sola palabra. La catástrofe podría caerme encima sin que me entere.

(30) Desde que el sexo llegó a tu vida, percibes la realidad a través de unas gafas, mejor conocidas como «las libidinosas».

(31) Los cuervos están desatados. Bajan a la calle y hacen un círculo, con el mismo espíritu con el que un grupo de borrachos sale de la cantina a resolver sus rencillas. Y empiezan a agarrarse a picotazos entre graznidos desaforados.

(32) La soledad tan deseada es también el infierno tan temido, Onetti *dixit*.

(33) K me acompaña a hacer el trámite de apertura de mi cuenta bancaria. Las empleadas de la sucursal de Sangenjaya no hablan inglés. K llena el formulario con mis datos. Me pregunta mi fecha de nacimiento. Hace cuentas y escribe que yo nací el año 31 de la época Showa. En este país el tiempo oficial aún se cuenta de acuerdo con los períodos imperiales; el tiempo occidental es una mascarada.

(34) Ciertas percepciones no pueden ser mencionadas, no pueden ser alcanzadas por las palabras. El intento de nombrarlas es inútil.

(35) Se muestran impasibles, introvertidos, silenciosos. Pero cuando gritan en las calles atestadas,

pregonando sus productos, lo hacen con impudicia, como si imitaran a los cuervos gritones que los despiertan cada mañana.

(36) «Por qué hacemos y decimos las cosas que hacemos y decimos.» Me gusta la frase del viejo maestro. Parece el título de una colección de cuentos de Raymond Carver.

(37) Visité la zona de la ciudad que llaman Times Square. Primero entré a la librería Kinokuniya; luego vagabundeé por la explanada y las terrazas de la estación Shinjuku. Fue un paseo agradable hasta que volvió a mi mente el viejo fantasma con su hedor nauseabundo. No consigo romper mi mente, vaciarla de los huéspedes molestos, que consumen mi tiempo y energía, que me impiden ver de otra manera. Lo comprobé cuando caminaba hacia la estación Yoyogi, bajo una nube negra que ensombrecía mis pasos.

(38) Otra frase: «Por qué les doy importancia a las cosas que les doy importancia».

(39) Lo peor es pasar caliente todo el tiempo sin tener con quien sacarse la calentura.

(40) Las callejuelas y pasadizos de Sangenjaya están atiborrados de bares, changarros e izakayas. Me llevará tiempo recorrer bar tras bar hasta encontrar mi puesto de guarda.

(41) Como con calzador empiezo a entrar en el mundo de Kenzaburo Oé.

(42) Llueve con furia; la humedad es una peste. Ayer fui a la Universidad de Kanda. Ella me huyó, como si percibiese al animal que quiere mordisquearla. Luego fuimos a Chiba, la ciudad futurista. Subimos a un bar en el piso treinta, desde donde contemplamos la bahía de Tokio. Comí cartílagos de pollo empanizados, carne de caballo cruda y cecina de mantarraya, en ese orden.

(43) Muchos inodoros en Tokio parecen butacas de piloto de avión, con un complicado control de mandos en su brazo. He inquirido sobre el porqué de ello. Me explican que son inodoro y bidé

al mismo tiempo, y que los mandos sirven para controlar la temperatura de la taza, y la presión y la altura del chorro de agua. Mucha gente sufre de hemorroides en este país y por eso los inodoros inteligentes pueden encontrarse en la mayoría de los sanitarios públicos. Me digo que en estas islas las hemorroides han desarrollado la inteligencia o viceversa.

(44) Los vagones son nuevos, limpios, impecables. Sólo los usan diez años. Después se los venden al metro de Buenos Aires.

(45) Un viajero que llega a su nuevo destino con la ilusión de encontrar la sabiduría y sólo encuentra la muerte.

(46) Recorro las librerías de viejo de Jimbocho. Encuentro varias ediciones originales de Lafcadio Hearn, carísimas. Recuerdo las librerías de viejo de la calle de Donceles, en la Ciudad de México. No encuentro el libro de Yoshito Kakeda sobre Kukai ni *Shingon Refractions*, de Mark Unno. Insistiré.

(47) M me llevó a Asakusa. Me inquietaban sus ojos, su risa, su picardía. Los puestos de venta, vistosos; y los templos, como de postal. Comimos helado de jengibre; luego bebimos una cerveza. Le confesé mi pena, lo que a veces me atormenta; ella confesó una aventurilla inconclusa. Una zona turística donde la gente compra mercancías nativas, tradicionales.

(48) Son tres calzoncillos que me regaló doña G, la amiga de mi madre, en San Salvador. Sucedió hace diez años. Los recibí con un poco de altanería, porque me parecieron feos, baratos. Fueron hechos en la fábrica de doña G. Siempre los miré con cierto desprecio. Hasta hoy, cuando me doy cuenta de que son los más viejos que tengo, los que más me han durado. Han recorrido conmigo medio mundo, literalmente, y han dejado en el camino a todos los demás calzoncillos que existían cuando ellos llegaron. Ahora cuelgan de un alambre frente a mi ventana, bajo el sol y la humedad de Tokio.

(49) Rozanov en *Solitaria*: «The secret of authorship consists in the constant and involuntary music in the soul. If it is not there, a man can only "make a writer of himself". But he is not a writer.

»Something is flowing in the soul. Eternally, constantly. What? Why? Who knows? —least of all the writer».*

(50) Ayer fue mi segunda tarde de domingo en Shibuya. Me metí a un almacén llamado Don Quijote a buscar una mesa plegable. Había gente por todas partes, muchas mujeres guapas, pero el encierro y la apretazón eran insoportables. Salí a la calle. Hubo un momento en que me quedé apoyado en un poste durante varios minutos contemplando el gentío, las aglomeraciones, abrumado por el zumbido de la ciudad. Hui hacia la entrada del metro.

(51) Sobre la identidad o la pertenencia: no soy árbol ni planta; me dieron mente, piernas y un planeta.

* «El secreto de ser autor consiste en una música constante e involuntaria del alma. Si no existe, un hombre sólo puede "hacer de sí mismo un escritor". Pero no es un verdadero escritor. Algo fluye desde el alma. Eterna y constantemente. ¿Qué? ¿Por qué? ¿Quién sabe? El que menos lo sabe es el escritor.» *(N. del E.)*

(52) El chiquitín hacendoso administra su fama, minúscula y misérrima. Su vida se le va persiguiendo lo poco que se habla de él.

(53) Visita a Kamakura: Buda, un Buda gigante, Buditas, más Budas. La misma cantaleta de imágenes, la misma idiotez ante lo invisible.

(54) Nueve de la noche. Rumbo a Kudanshita en el metro. La mayoría de los pasajeros en el vagón son hombres que visten traje oscuro, camisa blanca y corbata. Burócratas y empleados que recién salen de la oficina. Todos dormitan, exhaustos. Es su noche de viernes.

(55) Yk me condujo a Akihabara, la pesadilla electrónica. Ella es joven, tiene varios teléfonos celulares y supuso que a mí la tecnología me importaba. Caminé como zombi entre las toneladas de artefactos; subí y bajé escaleras eléctricas edificio tras edificio, entre anaqueles repletos de aparatos. Una fila de lunáticos se disponían a pasar la noche a la intemperie, frente a las puertas de un almacén, ansiosos por ser los primeros en comprar temprano en la mañana el nuevo videojuego.

(56) L me cita en el *Perro* de Shibuya. La pequeña escultura está en la plaza rodeada de edificios
con pantallas gigantescas, típica postal de Tokio,
por la que he pasado muchas veces. Llego a las
siete de la tarde. Con estupefacción descubro que
centenares de personas se aglomeran alrededor del
Perro, al igual que yo, a la espera de alguien, y que
será una ardua tarea encontrar a L en medio de
semejante multitud. El peor punto de encuentro
en que he estado en el mundo. Era tanto el gentío que casi padezco un ataque de pánico.

(57) Visita a Shimokitazawa. Un laberinto de callejuelas repletas de pequeñas tiendas, bares, cafés,
izakayas. Un barrio que parece auténtico, bohe-
mio, para jóvenes, fuera de los circuitos turísticos.
Tres guapas japonesas departían en el bar donde
comimos. Les busqué los ojos, una mirada. Nada.
La coquetería es ajena a esta raza. Regresé caminando a casa.

(58) Comprende que has perdido tu lucidez. Tu
mente se retuerce. Pronto caerá, exánime.

(59) Noche caliente. El vecino de la habitación anterior a la mía sale de la tienda de abarrotes con una pequeña bolsa. Es joven, quizá gringo y estudiante. Avanza entre los transeúntes con una forma de andar poco natural. Entonces descubro que, unos metros detrás, lo sigue una joven japonesa. Van como si no se conociesen. Yo camino detrás de ambos, atento, sigiloso. Alcanzamos el edificio. Él sube las escaleras primero y enseguida enciende la luz de su habitación. Ella ha reducido el paso y espera unos momentos antes de seguirlo. Yo he permanecido en la esquina. Luego, amortiguando mis pisadas, subo las escaleras y entro silencioso a mi habitación. Me apresto a escuchar sus gemidos.

(60) La puta traidora aparece en tu mente. Al escucharla construyes lo que luego te atormenta.

(61) Un paisaje urbano que reniega de la cuadrícula, que prefiere la sinuosidad y hasta el laberinto.

(62) Podrías rehacerte, tirar los fardos. Estás lo suficientemente solo. Pero tienes miedo. Te aterra la aventura de convertirte en otro.

(63) A diario debo salir a comprar comida. El refrigerador y las alacenas son tan chicos que apenas les caben cosas; además, los sashimis no duran más que veinticuatro horas. Aprovecho para explorar rutas y tiendas. Y no dejo de lamentarme: lo que podría degustar si conociera el idioma.

(64) Tanto dependes emocionalmente de los pocos que te quedan que te aferras a ellos como idiota.

(65) Carta de John Keats: «A man's life of any worth is a continual allegory —and very few eyes can see the Mystery of his life —a life like the scriptures, figurative».*

(66) Estás hinchado de vos mismo. Nada te cabe.

(67) «La pesadilla de las pantallas.» Así podría titularse un libro sobre Tokio. Las hay de todos los

---

* «La vida de un hombre valioso es una alegoría continua, y muy pocos ojos pueden ver su misterio: es una vida como las escrituras, figurativa.» *(N. del E.)*

tamaños y en los más insólitos lugares. Con dos excepciones: ni en los izakayas donde cenamos ni en los pequeños bares de medianoche. Una abstinencia que se agradece.

(68) Entre más trato de meterme en la novela, más me alejo de ella. Mi psiquis la rechaza, prefiere fantasear, vagabundear por calles desconocidas.

(69) La noche de martes me emborraché por primera vez en esta ciudad. Fue en Shimokitazawa. Demasiado sake con la cena. Y esas últimas cervezas fueron mortales. R enterró el pico en un bar de azotea; entre K y yo nos bebimos su último tarro. Apenas recuerdo cómo regresé caminando a casa. Bienvenido.

(70) A veces no deberías salir a la calle, sino permanecer encerrado, como se encierra en el sótano al obseso sexual cuando las niñas juegan en el patio.

(71) Te pareces al loco que logra salir del asilo, consigue una bata de médico y, con toda seriedad,

comienza a diagnosticar los desvaríos del prójimo y a ofrecer recetas.

(72) Buscar *Petersburgo*, del ruso Andréi Biely.

(73) Con disciplina de samurái aprendo a lavar cuidadosamente cada lata, botella o recipiente antes de tirarlos al tarro de la basura; también a depositar las sobras de comida en bolsitas de plástico muy bien selladas. En una habitación tan chica, con este calor húmedo, el hedor de la descomposición aparece a los pocos minutos.

(74) Un súcubo que se alimenta de semen. Ayer, éste; hoy, aquél; mañana, el siguiente. Un súcubo que necesita su dosis de semen.

(75) Reconoce cómo la has visto, lo que en verdad piensas de ella. Descubre que la desprecias y que estás aferrado a ese desprecio.

(76) Estaba la tarde de ayer en la terraza del café Segafredo de Shimokitazawa. Ella pasó a mi lado,

sin voltear, pero hizo un gesto para que me fijara en ella. Se metió al almacén de enfrente a curiosear entre la mercancía, pero en verdad para que yo la viera. Luego salió y constató que yo la estaba mirando. Se perdió calle abajo. Media hora más tarde regresó. Yo seguía en la terraza con mi puro y la cerveza. Se puso a ver los anuncios de una compañía inmobiliaria, junto al almacén. Estuvo un rato confirmando que yo la miraba. Luego de nuevo se perdió en dirección a la estación de trenes. Más tarde pasó junto a otra chica, para que ésta me mirara. Parecían españolas.

(77) En cada tiempo de comida, cuando el tipo está a solas, a falta de un interlocutor, se consigue un agravio, y come como si estuviese masticando el agravio, con una voz imparable en su cabeza repitiendo lo que hará contra el causante o la causante de ese agravio. Después se queja de la mala digestión.

(78) Miserable y misérrimo, como la estirpe de la que procede.

(79) Anoche, como a las ocho, tembló. Yo subía las escaleras hacia mi habitación; regresé a la calle.

Luego llovió a cántaros, a lo largo de la noche y la mañana. Esta tarde las cigarras callaron a los cuervos.

(80) Ese diablo no se irá sin llevarse algo de tu cuerpo. Debes permanecer alerta.

(81) La mujer que has sido te intriga, apenas has visto partes de ella. Tratas de seguir sus pasos. Siempre ha ido contigo, aunque no te percataras de su presencia. Ha sido quien ha hablado a tu oído, a quien has escuchado y cuyos deseos muchas veces has seguido. Y sobre todo es la que te ha dictado lo que despertaste en la mente de las otras.

(82) Tarde de teatro en el Kabuki-za, en la zona de Ginsa. C pagó las entradas. La función constaba de dos obras: una historia de fantasmas y la otra, de guerra. Ambas tradicionales, simples. Actitudes melodramáticas, gestualidad exagerada, vestuario impresionante y lo ceremonioso permeándolo todo. Luego fuimos a la cantina Lyon, la más vieja de Tokio. C es muy japonesa: atenta, formal, inaccesible y un tanto asexuada.

(83) Pagas cada momento de lucidez con pro-
longadas caídas en la oscuridad y la desesperación.
Y luego de esas caídas, aunque percibas con mayor
precisión, eres más vulnerable. Un precio alto es el
que pagas.

(84) Comí por primera vez carne cruda de balle-
na. Un sashimi muy rojo, de sabor fuerte. Prefiero
la caballa.

(85) La reducción de los espacios. En un izakaya
de barra cuadrada, el cocinero, rapado y musculo-
so, apenas tiene espacio donde moverse; sin embargo, trabaja con precisión, con movimientos casi
cronométricos, en un orden impecable. La búsqueda de la perfección en la miniatura.

(86) Roponggi. Agresivo, frívolo y desagradable a
primera vista, como cualquier zona nocturna para
turistas en cualquier parte del mundo. Pero hurgando en los pasajes, algo se encuentra: un destar-
talado bar español, un restaurante mexicano con
cocineros hindúes y un bar con todos los tequilas

imaginables, cuyo nombre, Agave, no deja lugar a
dudas.

(87) Hubo una vez en que te llegó una señal, un
mensaje encubierto. Lo pasaste por alto y luego lo
tiraste a la papelera. Pero algo quedó sonando
dentro de ti. Y en ese mismo tiempo perdiste la
palabra escrita que te guiaba. ¿Cuándo volverá a
haber otra señal? ¿Estarás igualmente embotado
en tu ruido y no la reconocerás?

(88) Viniste a esta ciudad a que te cocinaran. Pero
eres un pedazo de carne dura, tensa. Necesitarás
mucho fuego.

(89) Te has esforzado tanto en tener éxito, te has
enredado tanto en ese esfuerzo, que ahora, cuando
ves su futilidad, su tontería, no encuentras ya la
forma de desenredarte.

(90) «Lo más precioso en la vida es la incertidumbre.» El compañerito Kenko, con sus ensayos sobre el ocio o la pereza, me acompañará estos días.

(91) «Y vienen todos a comer de la puta que hay en mí.»

(92) Me echo en la cama. Siento como si tuviera treinta y tantos años. Tengo cincuenta y uno.

(93) Ayer en la mañana, mientras caminaba hacia la parada de buses, logré que la voz del profesor de salsa, del teniente Pedro, o de Joselito, diferentes nombres del mismo personaje, sonara en mi cabeza. ¿Lo logré? Es más preciso decir que ayer tuve la fortuna de que esa voz sonara durante casi media hora en mi cabeza; luego se fue. Pero me quedó el sabor de una voz nueva. Espero que regrese.

(94) Sueños intensos y prolongados, pero que me abandonan al despertar, como si allá adentro hubiera una disputa de la que no se me quiere hacer partícipe hasta que no se haya resuelto.

(95) Recibí ejemplares de *The She-Devil in the Mirror*. Very cute.

(96) ¿Te has preguntado en qué salsa te están cocinando y para qué paladar?

(97) «Un hombre debe tener muy firme en su mente que la muerte está siempre amenazando, y nunca ni por un solo instante olvidarlo.» (Kenko)

(98) El lado izquierdo de mi cuerpo me manda señales, como si muy próximamente fuera a colapsar. Y yo preocupado por el coño de ella. Vaya absurdo.

(99) Las masas en Shinjuku me apabullan. Imposible hacerme a la idea de que cada uno de ellos tiene tantas preguntas y ansiedades como yo.

(100) «A veces un hombre aprende por vez primera cuán errado ha sido su modo de vida sólo cuando súbitamente cae enfermo y está a punto de partir de este mundo.» (Kenko)

(101) Descubres que eres incapaz de perdonar. Te gusta creer que perdonas; te gusta decir que perdo-

nas. Pero no hay tal: la venganza está enraizada en tu corazón. Y como no perdonas, gastas las horas en la acusación, el juicio, la condena. Tanto esfuerzo te enferma.

(102) En la noche, mientras duermes, alguien te usa. Te das cuenta en la mañana, al despertar: has sido usado sin tener conciencia de ello. Alguien te ha succionado; alguien te ha penetrado. Pero has dormido solo, con la puerta bajo llave.

(103) Eres como el planeta. Tu cuerpo es la Tierra, una sola carne, pero quienes habitan tu mente y tus emociones son como los distintos grupos y naciones, cada cual queriendo imponer su voluntad.

(104) Kenko me recuerda a Chamfort. Los une el manejo de la estampa, el trazo de la anécdota. ¿Habrá leído Chamfort a Kenko?

(105) Hablas tanto con ella en tu mente, le reclamas con tal obsesión, la tratas de convencer una y otra vez con semejantes argumentos, que cuan-

do finalmente te pones al teléfono, tienes poco que decir, exhausto de tanto haberle dicho en tu propia mente, y pronto la conversación languidece.

(106) «Una vez que un hombre comprende la fugacidad de la vida y decide escapar a toda costa del ciclo de nacimiento y muerte, ¿qué placer puede obtener de servir diariamente a un patrón o de impulsar proyectos para beneficiar a su familia?» (Kenko)

(107) Has pasado seis años hablando con ella. Ahora quieres sacarla de golpe de tu mente. Eres ingenuo.

(108) Te encantaba la esclavitud de la que ahora te quejas. Le daba sentido a tu vida, al grado de que quieres correr tras el amo.

(109) Mis amigos aseguran que los cuervos que en estos tiempos revolotean en Tokio son apenas una pequeña cantidad. Años atrás eran una verdadera plaga, amenazante. El gobierno hizo enton-

ces una campaña para sacarlos de la ciudad, en especial porque se habían apoderado de los basureros de cada manzana, de cada barrio. Aún ahora, de vez en cuando, descubro a un reincidente tratando de levantar con el pico la tapa de metal del basurero de nuestro edificio.

(110) En este sitio, me advierten, lo que no está expresamente permitido está prohibido.

(111) Los cables subterráneos tienen un voltaje criminal; algunos de ellos conducen las comunicaciones más siniestras. Por eso es peligroso excavar sin la protección debida.

(112) Lo llamaré «doña E». Cada vez que aparezca lo llamaré «doña E», le pediré que deje de vociferar, de exigirle cuentas a quienes lo rodean. Y si no se calla, me saldré de la casa y lo dejaré solo. Trataré de ir a donde no pueda alcanzarme. Y si viene tras de mí, pondré oídos sordos a su perorata, seguiré como si no lo conozco, hasta que se canse.

(113) La comida japonesa está atada a las estaciones; se come pescado y verduras de la estación. Nunca había vivido en un lugar donde la comida aún estuviera tan atada a los ciclos de la naturaleza.

(114) La voz rencorosa que te hizo llegar a donde ahora estás es la misma voz que te impide seguir adelante y te mantiene entrampado en el mismo sitio.

(115) ¡Qué noche de diablos me hizo sufrir ese diablo anoche!

(116) ¿Quieres el ruido de Shibuya? ¿Quieres el ruido de Shinjuku? Levántate y anda.

(117) Padezco con frecuencia un estado de ánimo que me cuesta describir: una tristeza de la que no encuentro el origen y que se presenta en los lugares y momentos más inesperados. Tengo su sabor, la sé reconocer, pero no puedo definirla, ni entenderla, ni separarme de ella. Ha estado conmigo en México, Madrid, Lyon, Frankfurt, Pittsburgh y

ahora en Tokio. Me gustaría creer que está relacionada con el hecho de estar solo, sin pareja, o con problemas de pareja, pero no siempre se ha presentado en tales circunstancias y estoy seguro de que responde a algo más profundo. Es una sensación de sentirme abandonado en el planeta; un estado de ánimo que, en esos momentos, me impide disfrutar de las ciudades donde vivo y de la vida que se me ofrece.

(118) «¡Oh memoria, enemiga mortal de mi descanso!» El quejido de Cardenio en *Don Quijote*.

(119) Has vivido con cuatro mujeres. A las cuatro les has puesto los cuernos. Las cuatro te han puesto los cuernos.

(120) «En tiempos antiguos, el anuncio de una orden imperial era conocido como "La voz del cuervo", debido a que el cuervo era un símbolo imperial.» (*Japan Longest Day*)

(121) Te cueces en tu propio veneno, retorciéndote, como si en verdad hubiese agonía.

(122) «La vanidad es una fuerza espantosa», dice el viejo maestro.

(123) Tienes la sensación de que en tu memoria había un disco ya grabado con la letanía amarga que debes repetir. Y aunque te propongas el silencio, el disco se dispara solo y la letanía vuelve a tu mente una y otra vez.

(124) Mujeres con las piernas bien formadas gracias al ciclismo que a diario ejercen; con poco trasero y nada de pecho, pero con piernas hermosas. No todas. También hay muchas con las piernas arqueadas.

(125) Sobre la iniciación: «Todo despertar es desagradable».

(126) Explica un profesor: la base «natural» de la relación entre el Japón y su emperador es muy sencilla: ambos nacieron simultáneamente, por tanto su relación inmutable fue establecida en ese

momento, desde el principio hasta el final de los tiempos.

(127) Si hubieras heredado el calmo silencio de tu abuelo, en vez del verbo estentóreo de tu abuela, padecerías menos y harías padecer menos a quienes te rodean.

(128) —¿Cómo puedes tratar de tan mala manera a la persona que supuestamente más has querido en los últimos años? ¿De veras la amabas?

—Hay uno dentro de mí que no la quiere nada, que busca machacarla y luego deshacerse de ella.

—¿Uno dentro de ti?

—Varios.

(129) Cuando te calientas y tu imaginación se convierte en gozosa mujer, recuerda que nada de eso es tuyo, que nada más vives las resacas de la borrachera de tu madre, que tu calentura es lo que queda de sus desfogues.

(130) Ayer tarde fui a Hiro-o. Visité la Biblioteca Metropolitana de Tokio, recorrí el parque de ár-

boles frondosos que la rodea y finalmente recalé en un café estilo parisino, con las sillas de cara a la calle. Zona de occidentales. En la biblioteca me la pasé hojeando un libro de fotos de Canetti: qué fea era Veza y qué guapa Hera.

(131) Vives con intensidad el papel del Fariseo.

(132) Y si pararas de echarte porras, de engolosinado aclamarte. En el silencio, ¿qué quedaría de ti?

(133) Te has inflado. Quieres la gran obra. En tus novelitas breves eras más auténtico.

(134) Como no pudo cumplir el imperativo del éxito, se impuso lo contrario: el imperativo del fracaso. En esto también fracasó.

(135) El disco rayado en la mente repite y repite su cantaleta. Por Dios, ¿cuándo se callará?

(136) Es la ceremonia del atún. Sucede cada domingo, al mediodía, en la zona comercial de Sangenjaya, frente a la principal pescadería del barrio, a media calle, a esa hora cerrada al tráfico y abarrotada de compradores. Sobre una mesa de madera yace un atún de un metro y medio de largo. Docenas de vecinos nos aglutinamos alrededor. El pescadero, o como se le llame, empuña una larga sierra mecánica y comienza a cortarle la cabeza al pescado. Una ringlera de chiquillos de cinco, seis, siete años de edad, se turnan ordenadamente para coger el otro extremo de la sierra y participar en la faena. Los curiosos observamos en silencio. Cuando finalmente la cabeza del atún se desprende, los chiquillos lanzan vítores y sus padres y los vecinos aplaudimos. Enseguida, el pescadero raja a lo largo el pescado en cuatro grandes lonjas, cada una de las cuales entrega ceremoniosamente a una pescadera que lo asiste. Una vez terminado el corte, los chiquillos se vuelven a formar en fila y la pescadera les entrega un puchito de carne cruda que ellos mojan en un recipiente con salsa de soya y se llevan a la boca con la reverencia de quien comulga.

(137) Te has pasado la mitad de la vida frente a una ventana, en distintas habitaciones y ciudades, siem-

pre frente a una ventana, fisgoneando, en espera de que algo suceda o alguien aparezca, y a veces con la emoción del tipo abandonado en una isla solitaria que tiene la ilusión de que en cualquier momento llegarán a recogerlo.

(138) Toda la configuración es equivocada. Tendremos que deshacerte, poco a poco y con cuidado, para no estropear más el aparato. Trata de permanecer quieto. Con suerte, después no recordarás nada.

(139) Te pareces al hombre que al salir de la cárcel no sólo permanece frente a sus puertas desconcertado, sin ganas de dirigirse a ningún otro sitio, sino que se entristece y llora por haber perdido a su carcelero.

(140) Tengo la misma edad que tenía Salvador Cayetano Carpio cuando decidió salirse del Partido Comunista, pasar a la clandestinidad y fundar la organización guerrillera con la que comenzaría su larga marcha hacia el suicidio. A sus cincuenta y un años experimentó esa metamorfosis inmensa. ¿Y yo? ¿Por qué se me ocurre compararme con él?

(141) El enano entre la multitud no se entera del origen del bullicio, de lo que se ve desde la altura, a menos que alguien se apiade de él y se agache a contarle lo que sucede, o que tenga la enorme fortuna de que otro lo suba sobre sus hombros.

(142) Ayer hubo elecciones generales. Esperamos los resultados en el apartamento de R. Conocí a B, venezolana de piernas largas y vello sedoso en los brazos. Me deslumbró. Bebimos cerveza y sake. Llovió torrencialmente. Ahora anuncian que un tifón se acerca. El cielo no parece contento con el apabullante triunfo de la oposición. La grisura lo ha marcado todo.

(143) Qué grosería: dicen que Andrómeda tiene cien mil millones de estrellas, y yo aquí tan solo. ¿Y si repartiéramos las estrellas de Andrómeda entre los seis mil millones de seres humanos? Nos tocarían quince estrellas a cada uno, y aún sobrarían diez mil millones. Con quince estrellas para mí solito quizá yo me sentiría mejor, con más luz, mejor humor y la tranquilidad de ánimo de tener quince estrellas a las que contemplar, a las que escuchar. O quizá no, quizá mi ansiedad sólo crecería, temeroso de que se me pierda una de las quin-

ce estrellas, o de que me abandone y se vaya a otra galaxia, o quizá más bien me carcomería la envidia, porque las estrellas de mi vecino pudieran ser más brillantes que las mías.

(144) Una semana en silencio. Hoy sí te sientes lejos de todo, desconectado, como si ya te hubieras zafado de la órbita o estuvieras a punto de zafarte, de salir disparado a perderte en el espacio infinito.

(145) El asesinato de CP me ha conmocionado. Era evidente que lo terminarían matando, pero exhalaba tanta confianza y entusiasmo que todos creíamos en su invulnerabilidad.

(146) «Pedid, y se os dará; buscad, y hallaréis; llamad, y se os abrirá.» Tengo que volver a la novela.

(147) Noche de cervezas en Nakano. Me encantaron los pasajes atiborrados de pequeños bares. Esta ciudad es inabarcable. Necesitaría años para conocer sus intríngulis. Luego pasé al bar Buchi en Shibuya, a tomar el último tarro. Ella trabaja a diario en la barra, aprendió inglés en Nueva Ze-

landa, tiene diecinueve años, vive por mis rumbos, pero siempre encuentra una excusa para no salir conmigo.

(148) En tren bala con R hacia Osaka. Nunca se dejan de ver poblados. Sensación extraña: mis experiencias en trenes de alta velocidad están asociadas a Europa. En Osaka almorzamos, cerca de la estación, y luego tomamos un tren hacia las montañas de Koyasan. Es un trayecto de dos horas, cada vez más empinado, hasta llegar a la estación Puente del Paraíso, donde abordamos el funicular para alcanzar la cima de la montaña. Luego tomamos un bus hacia el centro del pueblo. El monasterio se llama Ekoin. Nos asignan una habitación con balcón. Los monjes que atienden son muy jóvenes, novicios, me explica R. El pueblo es chico: una calle principal bordeada de templos, monasterios y algunas tiendas. Se ven sólo monjes, peregrinos y algunos turistas. Deambulamos un rato. A las cinco y media, al regresar al monasterio, nos sirven la cena en la habitación, sin carne ni pescado, aunque incluye una cerveza. Más tarde aprendo el rito del baño japonés. El monasterio se acuesta con la caída del sol. A la noche, luego de unos vasos de sake, peleo contra dos diablos que quizá sean uno solo.

(149) A las seis y treinta de la mañana nos conducen al templo principal. La oración consta de un intenso canto de mantras a varias voces. Luego vamos a un templo más chico, a la orilla de la carretera, donde participamos en la ceremonia del fuego. La rítmica contundencia del tambor y el canto de los mantras golpean en la espina dorsal. Cuando regresamos a la habitación, los futones han sido levantados y el desayuno está servido. Transcurrimos la mañana en el cementerio, donde yace enterrado Kukai o Kobo Daishi o el Gran Shingon, al que el perro blanco y el perro negro condujeron a esta montaña hace once siglos, donde algo debe de permanecer guardado, quizá detrás de un vacío en forma de corazón. Y en la tarde visitamos los templos, en especial el Kongobuji con su jardín de piedra, Banryutei, el más grande de Japón, realmente impresionante por la calma que transmite. En la noche me abstuve de beber sake, caí rendido y tuve el sueño: ellos entraron a la habitación, me echaron un vistazo y desaparecieron, pero enseguida se abrió un poco el cielo y entró una luz esplendorosa.

(150) De nuevo el ceremonial del canto y el fuego. Luego del desayuno partimos hacia Osaka. Una ciudad de comerciantes, deprimida por la crisis y cuya arquitectura insípida me recordó ciertas zonas

de la Ciudad de México. M, el traductor de B, nos esperaba en la estación de Namba; caminamos hacia la zona del Shinsekai, un barrio popular donde está la torre Tsutenkaku, a la que subimos como turistas idiotas. Luego fuimos al mercado coreano, bastante deprimente. Lo que salvó la jornada fue el par de whiskies que bebimos en un bar ubicado en el sótano de la estación de Umeda. A las seis partimos hacia el apartamento de los padres de R, quienes viven entre Osaka y Kioto, donde pasaríamos la noche. Lo primero que hizo mi amigo al entrar a la casa paterna fue arrodillarse ante un discreto altar sintoísta ubicado en un rincón del aposento. Luego del baño, disfruté de mi primera cena en un hogar japonés, en todo caso igual de variada y rica a la servida en los izakayas, pero regada con un sabroso sake lechoso de la región.

(151) I, el traductor de JM, nos recibió en la estación de trenes de Kioto. Luego de dejar los bártulos en el hotel, partimos enseguida hacia el Pabellón de Oro y a los templos Ryon-ji y Ninna-ji; ni una idea ni una emoción genuinas pueden surgir entre esas masas de estudiantes y turistas. En la tarde recorrimos el Ponto-Cho, esa larga callejuela repleta de restaurantes y bares que corre paralela al río. Y cenamos en el barrio de Gion, en cuyas

esquinas turistas occidentales cámara en mano, ansiosos y patéticos, esperaban la aparición de una geisha. Y casualmente, mientras pasábamos, una de ellas bajó de un auto, caminó rodeada de turistas, pero no pudo mantener el paso con los coturnos y se fue de bruces. «Es fake —comentó R–, a las verdaderas no se las encuentra en la calle.» Cerramos la noche bebiendo whisky y fumando puros en el club del hotel Royal, del cual I es socio, con don Alfonso de Valdés como tema de sobremesa.

(152) En la mañana recorrimos el inmenso parque alrededor del viejo Palacio Imperial. No pudimos, por carecer del permiso, entrar a sus instalaciones. El sol caía con fuerza. Volvimos al centro de la ciudad. En las galerías Teramachi reconfirmé que en Kioto abundan las chicas guapas y solas. Me encantó el mercado Nishiki. A media tarde tomamos el tren hacia Kanasawa, una ciudad frente al mar, de cara a las Coreas, donde nos alojamos en un hotel con aguas termales. Los baños estaban en la azotea del edificio, con una alberca al aire libre. Aguanté dentro del agua caliente hasta que me sentí explotar, contemplando el cielo. Al salir temí por mi presión arterial. En la noche, cenamos con el amigo de R en las cercanías del hotel, y luego bebimos un par de sakes en un bar simpáti-

co, donde los meseros hicieron un número de malabarismo con las botellas. Había una pareja de españoles en la barra: ella rubia y guapa; él se comportaba con la misma estupidez con la que yo lo hubiera hecho diez años atrás. R les reclamó que estuviesen bebiendo ginebra en vez de sake.

(153) Pese a la lluvia intensa, continua, visitamos el jardín Kenrokuen, uno de los más hermosos de Japón, y luego el castillo de Kanazawa, donde el impresionante ensamblaje en madera me hizo pensar que los suecos se robaron este principio para sus muebles Ikea. En la primera mitad del trayecto de regreso a Tokio, el viejo tren corrió entre el mar y las montañas cerradas, inexpugnables; en la segunda mitad del trayecto, tomamos el tren bala, apretado de gente y apestoso a pescado.

(154) Cada vez te cuesta más encontrarle sentido a lo que haces, lograr la energía que necesitas para hacer lo que debes hacer. ¿Y si de veras se te acabó la cuerda?

(155) Ayer en la tarde, en el lavabo de una cafetería, de pronto te viste en el espejo: te descubriste

envejecido, acabado. Esa sensación no te abandonó el resto de la tarde. Volviste a casa con una expresión de pesadumbre, pidiendo disculpas a los transeúntes por sentirte tan viejo, acabado.

(156) Durante el viaje, la semana pasada, en cada sitio hubo turistas españoles. La nueva plaga.

(157) La ceremonia del baño japonés merece un ensayo aparte: una práctica tan reveladora de su cultura como el desayuno con pescado crudo.

(158) La muerte mató a sus mensajeros. ¿Ahora quién nos avisará?

(159) Entre más intentas limpiarte, más te ensucias, como si vivieras una maldición.

(160) El que hace las cosas no es quien debería hacerlas. Es un impostor. Te tiene engañado. Te hace creer que las hace porque tú lo ordenas, cuando en verdad tú sólo sigues sus órdenes.

(161) La idea de redención en Oé es cristiana. Sus referentes literarios son Dante y Blake. Y detrás de la aceptación de su destino podría estar muy bien el Libro de Job.

(162) Repite la vieja idea: la mejor prueba de que venir a este mundo es un castigo la constituye el hecho de que nacemos llorando, entramos a la vida con un llanto. Es algo en lo que deberías pensar más a menudo.

(163) ¿Será que por vez primera en mi vida sufro una depresión, mi querido maestro? Podría ser por el coño perdido, o porque la habitación es muy pequeña, o porque estoy muy lejos de todo. *Too much*, querido maestro.

(164) ¿Por qué las japonesas no tienen culo, o mejor dicho: por qué tienen el culo plano?

(165) *Underground in Japan*, de Rey Ventura, sobre los filipinos ilegales en Japón, es un libro simpático. No existe nada así sobre los salvadoreños en Los Ángeles o en Washington.

(166) Me resulta imposible volver a la novela. Re-
leo lo que llevo escrito, barajo posibilidades, rutas
a seguir y hasta me entusiasmo, seguro de que he
encontrado el camino. Pero no. Casi de inmediato
vuelvo a paralizarme, a sentirme lejos de ella, víctima de la indolencia.

(167) Al final de la tarde, casi a diario, en la terraza del café Segafredo, en Shimokitazawa, se reúne
un grupo de gringos y canadienses que desde hace
años trabajan como profesores de inglés en esta
ciudad. Beben y fanfarronean como viejos comensales. Yo oigo su alharaca desde mi mesa, mientras
fumo mi puro hondureño. Uno de ellos, un cana-
diense de Hamilton llamado Jim –alto, desgarbado,
rubicundo y de rizos coquetos–, quien ha pasado
temporadas en la isla de Roatán, a veces viene a
mi mesa a sacarme plática, a rememorar sus andanzas caribeñas. Yo le sigo la corriente, relajado,
mientras las oleadas de transeúntes que recorren
esa callejuela peatonal nos observan con curiosidad, con cierto desprecio.

(168) Quizá has perdido por completo el sentido
de pertenencia, de tal manera que ya no te peleas
con la memoria que te hería. La poca fricción no

produce chispa. Nada enciende. Ningún fuego es posible.

(169) Otra imagen: estiraste tanto la cuerda que se cortó. Ahora sólo deambulas.

(170) Hoy murió TLLM en Barcelona. Decía que mi problema es que carezco de país, porque en términos literarios y de mercado mi país no existe. Aun así, me apoyó. Ya vendrán las ventas, decía, con su sonrisota franca.

(171) La sabiduría consistiría en convertir la pesadilla que has padecido en un sueño ligero, hasta estimulante.

(172) Esta mañana, pese a la resaca, salí muy temprano hacia las oficinas de migración –la mejor hora, según yo, para tramitar una visa de salida múltiple. Tomé la línea Yamanote. Era la hora pico. Nunca había visto tanta gente ni había ido tan apretujado en un tren en Tokio, como si hubiese estado en la estación Pino Suárez de la Ciudad de México a las seis de la tarde, aunque sin el

tufo ni los carteristas. Bajé en la estación Shinagawa. Subí las escaleras horrorizado: aquello era
un pandemónium con miles de oficinistas unifor-
mados con traje oscuro, camisa blanca, corbata y un
portafolio en la mano. Todos semejantes, como en
una película de horror futurista. Mientras trataba
de salir de la estación hacia la parada del autobús,
a través de un inmenso túnel, avanzando hombro
con hombro entre aquella multitud de oficinistas,
padecí un ataque de pánico. Me costó un mundo
ir abriéndome paso, poco a poco, hasta que logré
por fin llegar al lado de los establecimientos comerciales. A punto de desfallecer, me metí a un
café. Pedí una cerveza.

(173) Mañana partiré hacia Suecia. Voy cansado,
harto, exhausto, árido. Y vacío, que es peor.

(174) Muchachas rubias, rebosantes; vikingas que
hacen temblar mi imaginación. Corazón codicio-
so, cállate. (Goteborg)

(175) De cuántas generaciones de curas procede-
mos, raza ingrata, para que con tanta facilidad se
nos forme la tonsura.

(176) Cada vez estoy más convencido de que Oé ha ejercido su oficio de escritor de tal forma que yo soy su antípoda.

(177) He terminado *A Healing Family,** de Oé. Por alguna extraña asociación, me hizo rememorar mi primera publicación, la primera vez que vi un texto mío en letras de imprenta. Fue en San Salvador, quizá en 1976. El poemario se titulaba *El Hatillo* y un fragmento fue publicado por MHM en la página literaria que semanalmente editaba en el diario *El Mundo*. ¿Cómo se llamaba esa página?... En *El Hatillo*, y en las condiciones de su publicación, estaban en germen mis mundos literarios, mi permanente contradicción.

(178) Estarás viviendo de prestado, te preguntas a veces, dada la postración en que te encuentras.

(179) Con necedad supina, has jalado simultáneamente de los dos extremos hasta que has terminado reventándote.

---

* Existe traducción de este título: *Un amor especial* (Martínez Roca, 2012). (*N. del E.*)

(180) L es colombiana; habla japonés con fluidez, casi sin acento, aseguran mis amigos. Me cuenta que da clases de español a mujeres japonesas. Todas están casadas, pero ninguna reconoce haberse enamorado nunca o haber conocido la pasión del enamoramiento. Conviven con su hombre por conveniencia y respeto. Eso dice L.

(181) ¿Y a qué horas volverás a la ficción? ¿Cuándo te podrás deshacer del tipo que te lo impide?

(182) Encerrado entre cuatro espejos, enloqueces.

(183) ¿Por qué llueve tanto en Tokio? ¿Por qué? Caes cansado, sumido, como si alguien te estuviera chupando hasta el último jugo. ¿Quién se nutre de tus costillas? ¿Qué vicioso bebe y bebe de tu pútrida fuente?

(184) Te dedicas a escribir cartas, a responder cuestionarios, a satisfacer las peticiones de los que te adulan. ¿Imaginaste alguna vez que terminarías así?

(185) Sumire es como una muñequita frágil, menuda, pero con mucha resolución. Me dijo «Almorzaremos mañana», y almorzamos. Apenas entiende lo que digo, y cuando habla siempre consulta en su librito de frases hechas en inglés. Repite que ha estado triste, y que a veces llora, pero que ahora está contenta porque está conmigo. Luego vuelve a su silencio, impenetrable.

(186) Hoy me llegaron los primeros ejemplares de *Con la congoja de la pasada tormenta*. Bien empaquetados, hasta lucen cierto brillo los viejos cuentos. ¿Cuándo volveré al género?

(187) Ruido, ruido, ruido. Ruido de afuera. Y peor: ruido de adentro, tiránico, espantoso, causante de la ansiedad que mata.

(188) Sólo mientras escribes logras un poco de sosiego, vuelves en ti, en lo que alguna vez fuiste. Te gusta preguntar el porqué. Mejor abre la ventana.

(189) Y has comprendido que es la conspiración la que le da brillo a la carne. Cada sospecha tendrá su recompensa.

(190) Es la fiesta anual de los Amigos del Café, en la que se reúnen los importadores nipones del grano y los exportadores latinoamericanos. Ch me invita con entusiasmo. Le explico que yo nada tengo que ver con cafetaleros. Ella insiste: dice que el organizador, K-san, se graduó en la universidad jesuita de mi país, que vivió muchos años en aquella latitud y le agradará verme. Dudo: le digo que me sentiré como talibán en sinagoga. Ella insiste: la fiesta se realiza en una especie de yate o barcaza que navega durante la noche por la bahía de Tokio, por eso la llaman Yakatabune o casa flotante, una oportunidad única para disfrutar de ese crucero. Tomamos la línea Yamanote hacia la estación Shinagawa, desde donde —asegura— podremos caminar hasta el embarcadero. Ella consulta una hojita en la que lleva apuntadas las indicaciones. La ruta parece sencilla, bordeando el rascacielos de la Sony. Pero pronto nos perdemos. Damos vueltas y más vueltas sin encontrar el embarcadero. Ella se desespera, llama por teléfono, pregunta a los peatones. Era el rascacielos equivocado: nos enteramos de que la Sony tiene tres en los alrededores de la estación.

Tomamos un taxi a toda prisa. K-san nos espera en el muelle; me da la bienvenida y me dice, con acento salvadoreño, que lo puedo llamar José. Hemos sido los últimos en abordar. Hay dos ringleras de mesas atestadas de gente a lo largo de la cabina. Me conducen a mi sitio, entre una guapa japonesa, agente de importación, y un colombiano, productor y exportador. Me confunden con el representante de los cafetaleros salvadoreños, quien, por suerte, no ha venido en esta ocasión. Pero pronto salen de su error. Bebo las primeras cervezas con la ansiedad del infiltrado. Luego me preguntan si escribo un libro sobre el café. Cuando respondo que no, la japonesa pierde todo interés. Y la gentileza del colombiano evita cualquier zipizape político. El yate navega con lentitud. Los meseros traen el sashimi y empiezan a verter el sake. La intensidad del jolgorio sube; ahora sirven diversos tempuras y ronda tras ronda de sake. Me digo que antes de emborracharme debo salir a cubierta para contemplar la ciudad desde la bahía. Y así procedo. Cuando disfruto de la brisa marítima, K-san se para a mi lado y, con una picardía que enseguida reconozco, me pregunta si puedo adivinar cómo le llamaban en San Salvador. No alcanzo a reaccionar. Él exclama: «¡Chinitochin-can-chón!». O sea: chinito sin calzón. Y suelta una carcajada a pleno pulmón, que me remonta a mis tiempos de adolescencia. Celebro su guasa mientras contemplo las luces de los rascacielos en busca de los tres que tienen en la cúpula el rótulo de la Sony.

(191) La herencia te ataca a ramalazos, te revuelca, quiere inutilizarte para hacer de ti la mueca rígida que te corresponde.

(192) Un tifón se acerca a Tokio. Llueve y lloverá varios días. Estoy encharcado. La corrupción de lo más puro, de lo más intenso, me inmoviliza en la habitación. Tengo que salir a como dé lugar.

(193) ¿Y si la mente que tienes ya no te sirve? ¿Con qué la reemplazarás?

(194) ¿Por qué no intentar la curación a través del humor? Si te ríes de ti mismo es porque te has aceptado y cualquier curación parte de la aceptación. Aleluya.

(195) El *bushido* o «camino del guerrero», generador de la fuerza vital del ejército japonés, consistía

en nunca retirarse, nunca rendirse y el ansia de morir por la patria. La rendición del emperador en 1945 fue una condena de muerte al ejército.

(196) El general Anami, entonces ministro de Guerra, fue incapaz de aceptar la idea de derrota o rendición, algo que iba en contra de su educación y sus valores. Al enterarse de que el emperador había decidido rendirse, Anami firmó con obediencia los documentos de rendición. Luego se fue a casa, hizo oídos sordos a los conspiradores golpistas que urgidos llegaron a visitarlo y se retiró a sus habitaciones: meditó, bebió sake, escribió su carta de despedida y preparó sus ropas e implementos. Enseguida se hizo el *seppuku*. Su cuñado, el teniente coronel Takashita, lo ayudó a terminar la labor.

(197) Una sociedad que ha convertido el crimen en su principal valor. De ahí vengo.

(198) Tanto esfuerzo del espíritu para tratar de conseguir una recompensa de la carne. Idiota.

(199) Me he enterado de que RM está grave: cáncer de colon y una infección que ha precipitado las cosas. Nunca fuimos amigos, hasta me ha atacado, y en cuestiones de carácter es más lo que nos separa que lo que nos une. Pero en aquel lar somos tan pocos y huérfanos que la pasión literaria se convierte en fuerza que hermana. Sólo así me explico cierta tristeza y desolación.

(200) Ahora las gomas, las resacas, se estiran dos días. Ya deberías ponerle punto final a la costumbre que le ha dado sentido a tu vida, o que se lo ha quitado.

(201) En un izakaya, donde con alguna frecuencia cenamos, llamado «el 101», porque ése es el número en su fachada —sobre la calle que conduce de Shibuya al campus de Komala—, trabaja como mesera la chica japonesa que se llama Chica. Es muy joven, espigada, guapa; habla un poco de español. Cada vez que viene a la mesa, R intenta sonsacarla para que muestre sus conocimientos de mi idioma. Ella dice algunas palabras, sonrojada, y pone sobre la mesa los tarros y los siguientes platillos. «Son huevos de bacalao», dice R. «¿Huevos?», murmuro con extrañeza mientras le entrego a Chica

el tarro vacío. «Cojones, pues, los cojones del bacalao», exclama R, ufano, observando de reojo a Chica, quien levanta los trastos sucios, al parecer desentendida de nuestra plática. «No sabía que el bacalao tuviera cojones», comento, presto a probarlos. Chica se ha retirado.

(202) Cuídate de los que te embriagan con adulaciones, en especial de ese que no para de hablar a tu oído, que te ha endulzado hasta alzarse como tu fiel consejero.

(203) Guárdate. No te expongas. Es mejor ser inaccesible que morir arrastrado por la correntada.

(204) Las recaídas ya no son las mismas. La hondura por la que te despeñas parece interminable y volver a donde estabas te cuesta un mundo.

(205) Los hedores que expele tu cuerpo corresponden al estado de tu espíritu. Si algo has matado dentro de ti, que no te extrañe ese hedor a pudrición.

(206) El enemigo está adentro, instalado, al mando, con el control total. Lo poco que queda de ti no sabe hacia dónde hacerse.

(207) He encontrado una estimulante ruta pedestre desde casa hasta la universidad. Mi obsesión con los mapas me lo ha permitido. Me toma unos cuarenta minutos, atravesando callejuelas, parques y una simpática senda para peatones y ciclistas, bordeada por floridos jardines y pequeños estanques con peces de colores, que cruza parte de la delegación Setagaya siguiendo un trayecto caprichoso, como si estuviese construida sobre un riachuelo entubado. Nada de la agitación cotidiana de la ciudad se percibe en esa larga senda sombreada por árboles y con bancas en las que el caminante puede descansar o entretenerse observando las fuentes en que los cuervos toman su baño, beben, parlotean.

(208) No quiero escribir. Alguien dentro de mí se niega a escribir. Debo ejercer una enorme presión sobre ese alguien para obligarlo a que se siente al escritorio, pero a la menor provocación se inventa excusas para ponerse de pie y refocilarse de nuevo en la dispersión.

(209) Debería tener un blog para dar a conocer lo que opino del mundo. ¿Valdrá la pena? ¿No será ésa una evidencia de que me he salido del eje? Lo cierto es que me gana la pereza, la abulia.

(210) No vas a ningún lado. Estás preso. Tienes la llave en el bolsillo, pero no vas a ningún lado.

(211) Su e-mail me tomó desprevenido. Se presentaba con la solemnidad del caso, me informaba que estaría unos pocos días en la ciudad y me pedía una cita, más bien me invitaba a comer. Escribí su nombre en el buscador: había sido diplomático en un país de Oceanía y en otro del sureste asiático; repasé las pocas fotos. Le respondí que nos encontráramos a mediodía en la estación de Sangenjaya. Lo esperé apostado como en los viejos tiempos, para verlo llegar sin que me viera. Salió del tren como cualquier ciudadano: era alto, delgado y con bigote; vestía traje, pero sin corbata. Lo abordé. No hablaba español, pese a que ya llevaba un año del otro lado del océano. Tomamos un taxi. El restaurante al que me condujo estaba solapado entre las callejuelas de un lujoso barrio residencial, sin rótulo que lo anunciara. Cruzamos los hermosos jardines hasta una construcción con pa-

redes de cristal que más parecía un invernadero. La comida impresionaba menos que la atmósfera refinada con plantas exóticas, flores y enredaderas; pero el vino francés era excelente. Tenía un estilo directo, más propio de oficial de inteligencia que de diplomático; intercambiamos mercadería, o información, como también se le llama. La sobremesa se extendió hasta que fuimos los últimos comensales. Pidió otra botella. La encargada del restaurante nos condujo a una mesa más reservada, en el rincón. Entonces él comenzó a hablar sobre su propósito profundo, con una emoción genuina: contó anécdotas del vacío y del sufrimiento que lo habían atormentado hasta que encontró su camino en una especie de secta, mezcla de esoterismo y autoayuda, a la que ahora dedicaba la mejor de sus energías. Lo seguí con la máxima atención, copa tras copa, hasta que vaciamos la botella y él preguntó si estaría yo interesado en tener más información, en leer uno de los libros de su iluminada lideresa, quizá en asistir a uno de sus encuentros. Le dije que claro, que apuntara mi dirección postal para hacerme llegar la folletería. El taxi nos esperaba en la callejuela.

(212) Martes 13. Mucho cuidado. No te inmiscuyas. Permanece atento. Cierra la boca. Observa.

(213) Imagen de Goya: en la mente está quien te sume en el placer límite y también quien te pasa la factura.

(214) Necesito recuperar mi asco, el asco hacia mí mismo y hacia lo que me rodea.

(215) Mi sal no sala en Japón. Debo comprar otra sal, una sal que sale.

(216) Antes de comenzar el evento en la sede diplomática, mientras yo hojeaba el folleto informativo, ella me abordó, de súbito, como si fuese una vieja amiga. Tardé unos segundos en reaccionar, con la mente en blanco. «Hola», le dije, aún sin recordar su nombre ni dónde la había visto. Hasta que su imagen encajó en mi memoria. La había conocido dieciocho años atrás, cuando ella acababa de bajar de la montaña, recién desmovilizada por el fin de la guerra. Luego frecuentamos los mismos bares en San Salvador y también en la capital de su país. Ahora es una flamante diplomática en Tokio, con marido importante, hijos y la vida holgada. Tomé su tarjeta de presentación repitiéndome que el mundo es un pañuelo.

(217) Te has traicionado tanto que ya no sabes quién eres. Lo que fuiste está perdido y lo que eres no lo reconoces.

(218) Sólo el extremo amor a ti mismo te hace suponer que estos apuntes tienen el mismo valor que los que escribiste cuando nada eras y la escritura lo era todo. Ahora tú eres todo y tu escritura, una mierda.

(219) Hay una novela que se me escapa, que intuyo pero no consigo atrapar. La paternidad, o más bien la ausencia del padre, estaría en su trasfondo. Erasmito y Joselito, el dúo, los parientes que no lo saben. Hurgar, hurgar.

(220) ¿Y si portara en el ADN los genes de mi abuela y mi madre, quienes pasados los cincuenta años se las arreglaron para no trabajar y tan sólo vegetar?

(221) Pasan las horas y el miedo persiste, se hace angustia profunda, hasta te sube la presión arterial. La angustia y la culpa por sufrir esa angustia.

(222) Tu mayor esfuerzo debería ser deshacerte de esa imagen de ti mismo tan anquilosada, feo estereotipo, del escritor respetable y de éxito. Aunque no puedas destruir lo que con tanto esfuerzo creció dentro de ti mismo, tu enfermedad, podrías intentar hacerla a un lado, burlarte de ella, crecer en otras direcciones, expandirte. Un esfuerzo de levedad que requeriría de toda tu atención.

(223) Sigues con miedo a descubrir que nada es igual, que lo esencial se ha modificado y no hay retroceso.

(224) ¿Cuándo podrás deshacerte de ese tipo que no para de quejarse, que a la menor oportunidad expresa su lamento porque los hechos son como son?

(225) No son muchos los que te comen, pero son tenaces, una vez que te meten los dientes es casi imposible detener su furor, como el perro de caza que luego de mucho esfuerzo atrapa a su presa.

(226) Te has salido de tu eje, de tu órbita, como un planeta que cada vez se aleja más del sol que le daba vida.

(227) Pelea contra tu herencia, contra lo que traes en los genes, contra tu rostro. De todas formas morirás. Y los guerreros mueren peleando.

(228) Hace un calor endemoniado en la estación del metro. Al llegar a los andenes descubro una especie de muro de metal que los separa completamente de las vías. En el preciso momento en que el tren se detiene, unas puertas, cuyas posiciones coinciden con las de los vagones, se abren en el muro de metal para dejar salir y entrar a los pasajeros. K me dice que el muro es para impedir que los pasajeros se suiciden lanzándose a las vías. Me explica que él toma a diario esa línea para viajar a su casa en los suburbios y que al menos dos veces por semana el tren se retrasa hasta una hora por los suicidios que se cometen en aquellas estaciones que aún no han sido amuralladas.

(229) Suicidarse en Japón es muy caro para los familiares del suicida, me explica R. Si alguien se

suicida en una estación de tren, los familiares del occiso se ven obligados a pagar a la compañía ferroviaria el millonario costo que cada minuto de retraso le cuesta a todo el sistema; sin contar los gastos de limpieza de las vías. Tirarse de un edificio es menos oneroso, aunque los costos dependerán de dónde caiga el cuerpo.

(230) Lo que te bloquea, lo que te impide escribir lo que podrías escribir, no es el ruido de afuera, el tiovivo de imágenes que deslumbran, sino el ruido de adentro, tu propio bullicio inútil e inmovilizador.

(231) Me pregunto si a medida que pasa el tiempo el escritor maneja mejor su técnica a costa de cierta autenticidad. Se gana en maña y se pierde en esencia. ¿Cómo recuperar la autenticidad perdida?

(232) Leo el guión de una película titulada *Mapa de los sonidos de Tokio*. Me parece que la autora se la ha pasado sólo en hoteles, trenes, zonas comerciales, autos con aire acondicionado. O es sorda. De otra forma no me explico que se pueda

escribir una historia con ese título sin mencionar una sola vez el graznido de los cuervos.

(233) Si te ves al espejo, te gustas. Si te piensas o te sientes con cierta sinceridad, te repugnas. Los ojos engañan; la mente también.

(234) Te preocupas por todo, por lo nimio y lo grande, por la tontería y lo importante. Pero no te queda tiempo para resolver nada: estás demasiado ocupado preocupándote.

(235) De nuevo hacia USA, de nuevo la ansiedad de tomar el avión, de nuevo la sensación de que el tiempo es un tormento, ya sea que pase veloz o lentamente.

(236) El temido reencuentro con ella. Deberé ser un curioso ante mí mismo, observar cómo reaccionan mi mente, mis emociones, mi cuerpo. Es el reto.

(237) La mujer que asea mi habitación de hotel dice que es salvadoreña, que tiene seis años de haber salido del país y que a veces sufre mucha nostalgia. Yo la dejo hablar, como ausente. (Norman, Oklahoma)

(238) He regresado por tres días a mi vieja guarida. Al principio, la extrañeza; enseguida, las rutinas se imponen, como si nunca me hubiera ido. (Pittsburgh)

(239) CB murió de una crisis hepática en San Salvador. La luz de otoño ilumina el cielo esta mañana. Las hojas amarillas caen a montones en el patio. Nada puedo pensar sobre la muerte, nada. (Pittsburgh)

(240) Ocurrencia en el aeropuerto de Dallas (sobre la nueva especie conquistadora): ¿Es un hombre? No. ¿Es un mastodonte? No. ¿Es un cachalote? No. ¿Qué es? *An American.*

(241) En el vuelo de Dallas al aeropuerto de Narita, el avión venía bastante vacío. En la fila de asien-

tos, del otro lado del pasillo, sólo me acompañaba una madre japonesa con su bebé de cinco meses. Éste se mantuvo silencioso a lo largo de las trece horas de vuelo y cada vez que la madre lo sacaba de la cesta me sonreía. Me digo que tendrá la disciplina de un samurái o de un oficinista.

(242) ¿Qué es primero: la pereza o el miedo? ¿El miedo a escribir se cubre con la máscara de la pereza o es ésta la que se escuda en el miedo?

(243) Algo está pasando en mi vida que se me escapa. Ahora sólo puedo dejarlo pasar. Quizá después haya tiempo para la reflexión.

(244) Noche de escritores en la embajada mexicana. Dos de ellos se presentaron como discípulos de Octavio Paz. No heredaron su talento, sólo el amaneramiento en la voz y los gestos.

(245) Aunque sepas que el mundo es una ratonera, que estarás atrapado hasta tu muerte, lo único que le da sentido a la vida es siempre tratar de escapar, vivir la ilusión de que no te has dejado atrapar.

(246) ¿Por qué gastas tanto tiempo en la espera de que tu contemporaneidad te reconozca? ¿Tan bajo has caído?

(247) La adicción a ti mismo crece día tras día. ¿Qué hacer?

(248) Pasada la medianoche entro al bar atestado. Las dos mujeres están en la barra: una, flaca y de cabellos rizados, con rostro risueño, parece bastante achispada; la otra tiene un hermoso cuerpo macizo embutido en unos jeans, pero gesto de pocos amigos. Con dificultad me abro espacio en la barra junto a ella, quien apenas me ve de reojo cuando mi brazo roza su brazo. Beben sake; la flaca habla con fogosidad mientras la otra escucha. Yo pido un tarro de cerveza. De pronto la flaca me dirige la palabra. «Sumimasen. Nihongo wakari masen», le digo, una frase que he interiorizado y me sale con suma fluidez cada vez que me abordan: «Disculpe. No hablo japonés». Entonces la flaca hace un movimiento de enroque con su compañera y, en un inglés rudimentario, con una coquetería que yo no había visto en estas latitudes, comienza a pre-

guntar sobre mi vida, a contarme sobre la suya. Es fotógrafa, pronto inaugurará una exposición; saca una tarjetita de presentación sobre la que escribe la dirección de la galería, invitándome. Luego pregunta si he leído a tales autores japoneses; le digo que no. Busca papel y lápiz para apuntármelos. Presto saco de mi bolsillo una ínfima libreta de apuntes, de esas que Tusquets hace con sobrantes de papel y les pone la carátula reducida de un libro famoso. Ésta luce *El retorno del profesor de baile*, de Henning Mankell. Ella me la arrebata, emocionada, dice que es muy mona, y enseguida empieza a escribir los nombres de los autores que me recomienda. Piden otra ronda de sake; yo otro tarro de cerveza. «¡Campai!», brindamos. Luego ella me pregunta si he visto tales películas. Bebemos, reímos; ella con frecuencia me toma la mano o el brazo para enfatizar sus palabras. La otra chica, la del cuerpazo embutido en los jeans, sigue nuestra conversación, sin involucrarse, y a veces se le escapa una mueca de fastidio o reprobación. Luego la flaca habla de fotografía, insiste en que yo debo ver una exposición de Ryuji Taina, me escribe los datos en la libretita. Está más achispada, entradora; yo me entusiasmo. Hasta que la otra chica le dice algo en japonés, y la flaca dice con cierta algarabía que ¡claro!, y entonces abre su bolso, saca la cámara, que pone sobre la barra, y enseguida un sobre con fotos recién impresas, que me tiende. Lo abro: ahí está ella vestida de novia, junto a su marido; un par de docenas de fotos del casamiento, que yo miro con aparente entusiasmo. Ella me dice que se ha casado el sábado recién pasado. La felicito alzando mi tarro. Bebemos. Le pregunto si está muy enamorada de su marido. Parece que no entiende. Empieza a hablar de la ceremonia del té, insiste en que debo ver una película o leer un libro, y escribe en mi libretita «Pierre Sarne» y más abajo, entre un círculo, «Tea Selemony». Seguimos bebiendo; su coquetería ha crecido con su borrachera. La otra comienza a fastidiar con que ya es hora de partir. Entonces la flaca le dice algo, discuten; luego toma mi libretita y escribe: «We want to your house?». La veo con el azoro del hombre que se ha ganado la lotería. ¿Las dos?, le pregunto con un gesto. Ella toma de nuevo la libretita y escribe: «Of corse». Le digo que por supuesto, emocionado, mientras hago cuentas del vino y el whisky que tengo en la habitación. Salimos a la noche tibia. Ella camina tambaleándose; su amiga la lleva por el brazo. Al llegar a la esquina, ésta detiene un taxi, abre la portezuela, mete a la flaca y me dice adiós con un gesto cortante.

(249) Hay mundos a los que ya no debes retornar, so pena de enfermarte.

(250) Espléndido día otoñal. Yo permanezco aturdido por la gripe. Y con la enfermedad siempre dan ganas de estar en otra parte, aunque no se sepa donde.

(251) Poseído por un espíritu inmundo, padezco mi enfermedad sin asomarme siquiera a la ventana.

(252) Leo en una revista mexicana el artículo de un colega en el que afirma que muchos japoneses usan tapabocas de gasa para protegerse de las alergias primaverales. Una verdad a medias. Los usan en todas las estaciones, y desde el momento en que salen a la calle, como protección ante los gérmenes, es cierto, pero en especial como gesto de respeto para no contaminar con sus propios virus a los otros. La obediencia y el respeto son el pegamento de esta cultura. Prueba de ello es que yo también me he disciplinado: ahora que padezco esta gripe salgo a la calle embozado.

(253) Observación mientras viajo en la línea Yamanote: los jóvenes japoneses no se visten sino

que se disfrazan. Cada una de las prendas sobre su cuerpo, y el conjunto de ellas, parecen haber sido escogidas con la mentalidad con que se escoge un disfraz. Nada es fortuito. Y hay una fisura entre el atuendo y la persona que lo viste.

(254) Es impresionante la voz que nos hace creer que podemos decidir sobre nuestra muerte.

(255) Y entonces percibió que su propósito se había transformado, y que ya nada quedaba en él de la fuerza original, de lo que hasta entonces había regido su vida, y que esta ausencia había sido llenada por lo contrario, y que lo que él creía ser no era sino lo contrario de lo que en verdad era.

(256) Puede que tu enfermedad sea sólo la protesta de tu mente y tu cuerpo por no recibir la dosis de placer que creen merecer.

(257) En algunos bares *stand-up*, como el Buchi, no se puede abrir una cuenta; el procedimiento es pagar la copa o el platillo de inmediato, en cuanto el barman lo entrega. El cambio lo deja uno sobre la

barra. Y el barman toma por su propia iniciativa la cantidad correspondiente cada vez que trae una nueva copa o un nuevo platillo. Si el cliente se va y, por exceso de alcohol o por simple mala memoria, olvida un poco de dinero sobre la barra, el barman saldrá a la carrera hasta alcanzarlo y entregarle con una reverencia ese dinero. Me sucedió anoche. Dejar propina es una ofensa en estas islas.

(258) Representas papeles viejos. Cada uno de ellos despide olor a naftalina. ¿Nunca te cansarás de repetirte?

(259) Te dejaron asomarte al mundo invisible y te comportaste con la patanería de la carne. Ahora te quejas de que te hayan echado a patadas.

(260) Viernes 13. Eres carne y gravedad. Lo demás es ilusión.

(261) Ys me invitó a una función de teatro Noh en Sendagaya. No hubo traducción simultánea, pero Ys es un apasionado de este teatro y conocedor de las obras que veríamos, las cuales me refirió en deta-

lle. Me impresionó el poder hipnótico de la música. Luego fuimos a comer al área comercial de Sendagaya. Ys me señaló el edificio de tres pisos donde Murakami tenía su bar de jazz; estaba en el segundo nivel. Ahora hay una cervecería cualquiera.

(262) ¿Qué harás con esa cosa grande y fea que te has empeñado en construir y a la cual ahora estás atado como perro que no sabe lo que cuida?

(263) Creíste que alejarte te haría inaccesible o te daría libertad. Cómo eres de tonto. Es tu ansiedad la que te tiene atrapado.

(264) Y si volviera al cuento, con humildad, con sentido del placer, ¿recuperaría la autenticidad perdida?

(265) La abordé en la galería, en la exposición de fotografías. Hablaba muy poco inglés, pero aceptó mi invitación de ir a tomar una copa. Iba enfundada en unos tallados pantalones negros, y en sus ojos rasgados no había coquetería. Salimos a la calle fría y lluviosa. Tomamos el tren. En Shimoki-

tazawa enfilamos hacia el bar italiano. Me dijo que se dedicaba a vender papel para artistas, en especial papel de seda. Hacía calor dentro del bar. Se quitó el abrigo y se arremangó el pullover. La tersura de su piel me deslumbró; era como la seda. Luego me explicó que su nombre significa «hermoso sonido del mar». Dos palabras: el adjetivo hermoso y un sustantivo para «el sonido que hacen las olas en el mar». Le dije que nosotros no tenemos un sustantivo propio para ese sonido, quizá por eso tampoco tengamos una mujer tan hermosa como ella.

(266) Fogonazos de creatividad. Fogonazos de vida. Sólo fogonazos.

(267) La asociación de hispanistas japoneses tuvo esta tarde una asamblea en el campus de Komala de la Universidad de Tokio. Luego, algunos de ellos se fueron a cenar a un restaurante chino en Shimo-kitazawa. Yo los alcancé ahí; R me había invitado. Departían unos quince comensales en la mesa; imperaba la alharaca, los brindis, la camaradería, pero algunos de ellos tenían el ceño fruncido, cierta amargura y se observaban de reojo con controlado rencor. Me hubiera gustado inquirir sobre lo que

discutieron en la asamblea, las facciones que se enfrentaron, pero los japoneses no comparten nuestro sentido del chisme. Después de la cena empezaron a beber una especie de whisky chino caliente; yo preferí seguir con cerveza.

(268) Otro día gris, lluvioso, frío, propicio para el lamento.

(269) Fiesta en la casa de A. Diplomáticos, corresponsales extranjeros, funcionarios. La descubro en un grupo que conversa de pie en el comedor; su bronceado llama la atención entre estas mujeres de piel pálida. Y también hay en su belleza cierta coquetería, cierta picardía, que seguramente aprendió bajo otros cielos. La abordo. Me responde en perfecto español: se llama M, acaba de regresar de las playas de Bali, y no, no es diplomática, sino que sus hijos son compañeros de los hijos de A en la Escuela Británica. ¿Dónde aprendió su español? Su marido es un alto ejecutivo de una empresa internacional y han vivido largas temporadas en varios países latinoamericanos. Pero no, él no está ahora con ella; permanece en casa cuidando a los niños. Rolamos, de grupo en grupo, sin soltar la copa, hasta que casi somos los últimos. Me dice

que no ha traído su coche, pero que le da pereza llamar a su marido para que pase a recogerla. Le propongo que se venga conmigo, aún podemos tomar el último tren de la noche. Reacciona como si fuera a cometer una travesura. Partimos deprisa hacia la estación Omotesando. Me dice que ella nunca utiliza el transporte público, que no tiene idea de las rutas, que siempre viaja en coche, toda una señora. Cambiamos de tren en Shibuya. La guío como si yo fuese el japonés y ella la extranjera. Salimos a la calle en Ikejiri-Ohashi, cerca de casa y también de la Escuela Británica, a la que ella conduce a diario y desde donde se ubica a la perfección. La invito a tomar la última copa a mi habitación. Dice que no, su marido espera; pero que la llame o le envíe un email, para que nos encontremos de nuevo: ella quiere practicar su español conmigo. Le hace la parada a un taxi.

(270) Cuando descubras que las preocupaciones que consumen tu tiempo no son más que la ansiedad del placer, el anhelo de la carne, entonces prepárate: serás como el caballo viejo e inútil al que esperan en el foso de los leones.

(271) Qué lejos me siento de la ficción, qué lejos estoy…

(272) Lo que más temías se aproxima. Nunca estarás en verdad preparado.

(273) Un poco antes del mediodía, ella me recoge frente al supermercado Seijo. Conduce un auto de lujo; viste como la mujer adinerada que es. Propone que vayamos a tomar café a un tranquilo restaurante francés, ubicado en las cercanías de la escuela de sus hijos. Mientras recorremos las callejuelas recapacito en que ésta es la primera vez en que viajo en un auto en Tokio. Ella habla sobre su vida, sus viajes, sus negocios; pregunta con aparente entusiasmo sobre lo emocionante que debe de ser la vida del escritor. Su coquetería es tan intensa como la noche cuando la conocí. Me lamo los bigotes. Estoy seguro de que sus deseos de practicar español son sólo una coartada. ¿Cuándo fue la última vez que me llevé a la cama a una mujer casada? En el restaurante somos los únicos comensales. Ella ha dispuesto su cuaderno y su pequeña laptop sobre la mesa. Tomamos café, luego un aperitivo. Me insinúo por distintas rutas, una y otra vez, sin que ella reaccione, hasta que descubro su

verdadero propósito: que yo, el escritor, le corrija el texto de presentación en español que pondrá en su página de Facebook. «Quiero que quede impecable», me dice. Se empecinará en pagar la cuenta.

(274) *Caín* de Saramago: un buen ejercicio de libertad, a veces frívolo, de un escritor que se niega a aceptar que está agotado. Vieja la idea del tiempo, de que todo está ya escrito como en un libro.

(275) Mañana cumplirás cincuenta y dos años. Quién lo hubiera dicho. Tus nuevas adquisiciones japonesas: hemorroides y una flemilla dulzona en la garganta.

(276) Cumpleaños. Vuelta a lo mismo; ninguna novedad. Los entusiasmos son tan mediocres que dan pena.

(277) Lecturas: Rosero y Cozarinsky. La novela corta latinoamericana goza de buena salud.

(278) Muchas sirenas aúllan en la calle. No celebran mi cumpleaños; asistirán a otro tipo en apuros.

(279) Se comienza a morir en la mente; luego sigue el cuerpo.

(280) Mis amigos nipones me invitaron a celebrar con una cena de pez globo. R me había explicado que ese pez porta en sus entrañas, en especial en el hígado, suficiente veneno para matar a treinta y cinco hombres. Sólo lo venden en restaurantes autorizados, cuyos cocineros son especialistas en extraer esas vísceras. A lo largo de la cena estuve atento al menor síntoma. Sobrevivimos.

(281) Primero viene la oscuridad, luego el frío; primero la ceguera, luego el temblor.

(282) Nuevos vecinos se han mudado a la habitación contigua, la del fondo. Escucho sus murmullos a través de la pared. Hablan inglés, con un acento que no reconozco. Ella sale temprano en las mañanas; camina deprisa y con pisadas tan fuertes

que sacuden el pasillo. Él permanece en la habitación hasta entrada la mañana.

(283) Si te vieras el rostro cuando escribes, las maromas de tu mente convertidas en gestos, muecas, poses, no escribirías lo que escribes.

(284) Somos este desamparo, este alarido entre la multitud que también grita y nada oye.

(285) Me los he encontrado en las escaleras: ella es trigueña, de mediana estatura, guapa, bien formada y viste como parisina; él, un típico japonés, sin gracia. Ambos jóvenes, quizá al final de la veintena.

(286) No importan tus propósitos. No importa dónde estés. No logras salir de ti.

(287) *Wilde* en París, de Herbert Lottman. Un refrito de Ellmann. Me parece curioso leer de nuevo sobre la cárcel de Wilde ahora que Polanski está preso. Más curioso es que en los comenta-

rios que he hojeado en la prensa nadie haga referencia a probables semejanzas. Claro que se da por supuesto que los suizos no serán tan bestiales como los ingleses. ¿Será?... El caso de Wilde está empapado por la estupidez humana: la de sus captores y la del mismo Wilde. Con lo que me gusta *De profundis*…

(288) Me despiertan los gemidos de la vecina, el traqueteo de la cama. A veces él puja, enérgico. Miro mi reloj de mesa: es pasada la medianoche. El traqueteo se intensifica; el gimoteo también. Me reacomodo en la cama. Pronto ella, estentórea, llega al clímax. Entonces vuelve la calma, el oscuro silencio. Mi mente, amodorrada, no ha alcanzado a fantasear. Me sobo los genitales.

(289) He perdido mi capacidad de concentración. Ninguna duda al respecto. Después de cuatro días de dedicarme a escribir el ensayo sobre Oé, no he alcanzado ni las cinco páginas.

(290) Me asusta la velocidad del tiempo, mi impasibilidad.

(291) Me la encuentro de frente en el pasillo: viene como un bólido, pero baja la vista, evita cualquier contacto. Me quedo con el saludo en la boca. Me pregunto sobre su procedencia. Es una mestiza con garbo; sus ojos levemente rasgados. Podría ser de Curazao, Singapur, Honduras.

(292) El vicio del aparatito, de la imagen, del querer que alguien te mencione. Debes desenchufarte.

(293) Ys ha sufrido un derrame cerebral. Me he enterado esta noche, en el restaurante francés de la universidad, luego de mi conferencia, a la que me pareció extraño que él no asistiera. R me lo dijo al oído y me pidió que no lo comentara con nadie: Ys permanece en el hospital con la mitad del cuerpo paralizado. Estuvimos juntos por última vez tres días atrás, en la presentación de la versión japonesa de *Desmoronamiento*. Caminamos conversando animadamente, entre el numeroso grupo, desde el Instituto Cervantes hasta el izakaya donde cenaríamos. Luego compartimos mesa; él ordenó los platillos. Nada raro noté en él esa noche, sino el mismo entusiasmo, cercano a la exaltación, con el que me había llevado al teatro Noh y al Bunraku. Ahora, de golpe, el destino con su

cuchillada trapera. Estoy afectado: tenemos la misma edad.

(294) A los que tratas de matar dentro de ti, enseguida te cobran, quizá hasta matándote. Tú eres ellos. Y no perdonan tu traición.

(295) Otra noche caliente. Esta vez comenzaron temprano. Yo leía tirado en la cama. Pronto dejé el libro a un lado y me puse a escuchar con la mayor atención, a imaginarla entre los gemidos y el traqueteo. Sentí envidia. Cuando todo acabó, permanecí un rato en el ensueño, emponzoñado por la herida reciente. Luego fui por un vaso de agua.

(296) Sueño con mi padre. Antes, soñé con mi abuela materna y también con el llanto de mi madre.

(297) Mes agitado. Escasos los momentos para mí mismo. Ya vendrá de nuevo el ciclo.

(298) Discusión a gritos en la habitación vecina. Él suena iracundo; ella no se le queda atrás. He terminado de cenar; carraspeo con sonoridad. Pronto oigo un portazo. Las pisadas de él, menos contundentes que las de ella, resuenan en el pasillo.

(299) No te quieres ir. Una vez más tienes que zarpar, pero no lo quieres hacer. Te llevas a la fuerza, derrotado por tu propia indolencia.

(300) El que debería morir es el que cree que nunca morirá, el que te convence de que es otro el que debe morir, nunca él.

(301) Vuelta a lo mismo: me despiertan gritos e imprecaciones a medianoche. Me sorprende la violenta intensidad de las palabras de él, como si estuviese a punto de golpearla. Me despabilo. Trato de entender lo que dicen, pero me resulta imposible. No enciendo la luz ni doy golpecitos en la pared, como la urbanidad aconseja, sino que de pronto, en medio de la oscuridad, suelto un grito salvaje, atroz, como el que lanzan ciertos personajes de Kurosawa antes de entrar en combate o como si a Tarzán se le hubiesen quedado atrapados

los cojones entre las lianas. Vuelve un silencio absoluto, de miedo.

(302) El estilo de Pablo de Tarso, pese a las exaltaciones y la grandilocuencia admonitoria, es el estilo de un hombre quebrado.

(303) Último día del año. En tren matutino hacia Yokohama. Nos acompaña E, quien ha venido de NYC a pasar sus vacaciones. Subimos la colina desde donde se contempla la bahía. Recorremos el barrio chino, hurgando en sus vericuetos, hasta que R encuentra el restaurante deseado. Bebemos, comemos; fumo un puro barato. Luego vagabundeamos por el paseo marítimo. La saudade se remece sobre mis aguas como ese carguero junto al muelle. Atardece.

(304) Tendrás que dejar de beber. El hígado te lo exige a gritos, sordo.

(305) Visité el barrio Seijó. Es un suburbio de gente acomodada, casas espaciosas, carros lujosos de último modelo. Aunque está ubicado en el mismo

distrito de Setagaya, poco tiene que ver con Sangenjaya, el barrio donde he vivido. Seijó está lotifi-
cado sobre la base de la cuadrícula, como las ciudades jóvenes; en Sangenjaya no existe la cuadrícula,
sino el callejón tortuoso y hasta laberíntico, como
en todo el viejo Tokio. Hacía un luminoso día de
invierno mientras caminaba por Seijó. La casa que
descubrí estaba cubierta por un seto de arbustos.
Junto al portón de madera yacía un pequeño rótulo, coqueto: «Oé, Kenzaburo».

(306) Aún leía tirado en la cama, sin ánimo de dor-
mir, cuando empezó el escándalo. Nunca se habían
gritado de esa manera, con golpes en la mesa y las
paredes, lanzamiento de objetos, y el llanto de ella.
Sentí una profunda pereza. De pronto abrieron
con violencia la ventana corrediza. Ella gritó con
desesperación y enseguida hubo un chillido de
llantas en la calle. Me puse de pie y me acerqué a
la ventana. Tardé unos segundos en entender la
escena: un hombre se había bajado de un auto, que
permanecía con el motor y los faroles encendidos,
a recoger un muñeco de peluche que yacía a media calle y al que había estado a punto de atrope-
llar, luego de que el energúmeno de mi vecino lo
lanzara por la ventana. Ella había corrido a toda
prisa por el pasillo y las escaleras y ahora tomaba

el muñeco que el conductor le entregaba. Volví a la cama a retomar la lectura. Joder. Los llaman los años dorados.

(307) Paseo por el parque de Ueno, con la tristeza de la despedida. Contemplo las esculturas de Rodin en la explanada: *El pensador*, *Adán*, *Eva*, *La puerta del Infierno*, *Los burgueses de Calais*. Otra vez quedo demudado, ínfimo.

(308) Salí con ella en tres ocasiones: una tarde a un museo, aquel mediodía a comer, otra noche a una lectura de poesía. Vive en un suburbio muy alejado del centro de Tokio; tiene un novio en una playa caribeña, al que visita cuando la oportunidad se le presenta; y padece la presión de acabar su tesis de doctorado. Es menuda, trigueña y con una mirada de niña curiosa. Y si no fuera por sus largos silencios y la reverencia de sus gestos, quien escuche su acento podría creerla nativa de México. Ahora nos citamos para despedirnos. Comemos en una fonda barata. Luego aprovecho su compañía para hacer una gestión en la que hablar japonés es indispensable. Y recalamos por vez primera en mi habitación, donde prevalece el desorden de quien hace maletas. No quiere beber nada; se sienta

en la cama mientras yo empaqueto una caja de libros y la observo de reojo. De pronto siento una intensa correntada, ganas de abalanzármele. Ella me ve con un parpadeo. Le pregunto si quiere llevarse consigo la lámpara de lectura, que compré a mi llegada a Tokio y no me cabe en las maletas. Ella dice que sí, y me da las gracias con una reverencia; luego vuelve a su silencio, a su mirada de niña curiosa.

(309) No quieres partir, pero tienes que partir. ¿Habrá una misión, algo por hacer? Lo que has perdido en ambición lo has ganado en vanidad. Deberías guarecerte; luego, tratar de reinventarte.

NOTA

Estos apuntes fueron escritos entre el 7 de julio de 2009 y el 5 de enero de 2010, cuando viví en Tokio gracias a una beca otorgada por la Fundación Japón, con el apoyo de la Universidad de Tokio. Agradezco a quienes hicieron posible mi estadía, en especial a Ryukichi Terao.

CUADERNO DE IOWA

Envejece un perro tras los cristales

No sentí resbalar, mudos, los años;
hoy los lloro pasados, y los veo
riendo de mis lágrimas y daños.

Francisco de Quevedo

... viendo que mi destino es el carecer de sosiego, que es lo que más
deseo, no hay más remedio que
correr a donde llama la suerte.

Alfonso de Valdés

(1) Has llegado. Las maletas parecen las mismas, pero tienes más cosas. Poseer embota. Un nuevo comienzo en medio del calor y la somnolencia.

(2) No puedes deshacerte de la ilusión de que basta tu decisión para poder enfrentar la vida de una nueva manera. Fíjate en la mujer que camina con un libro abierto entre las manos, como si fuese leyendo.

(3) Tienes ahora una nueva posición, desde la cual contemplas el parque, los peatones, los coches, los ciclistas. Es una posición privilegiada, gracias a las ventanas por las que ves pasar la vida de los otros; pero también es una posición en la que respiras encierro. Se trata, primero, de que abras las ventanas, que dejes entrar el aire.

(4) La creación de las nuevas rutinas. En ello estará la clave: lograr un orden mental en el nuevo comienzo.

(5) Sueñas con una hemorragia nasal que te acomete cuando agredes a la casera por inmiscuirse en tus asuntos; en verdad, por entrar subrepticiamente al apartamento a través de la chimenea.

(6) Sales al parque a fumar un puro. La noche es fresca. Chicas rebosantes te distraen a su paso. La carne, la carne.

(7) No tienes ritos, sino rutinas. Tu reto: darle un sentido a la rutina para convertirla en rito.

(8) Ha amanecido. Contemplas el parque: una pareja de cuervos brincotea sobre el pasto; por arriba, el cielo se expande con la luz brillante. Una chica con un minúsculo short pasa rauda en la bicicleta; y una anciana, con un chaleco fosforescente que la hace visible a los conductores, corre por la acera. Buscas una emoción que se te escapa.

Escribes con lentitud: cada línea emerge como si fuese la primera en tu vida.

(9) La idea que tienes es contar cómo te convertiste en lo que te has convertido. Ir de adelante para atrás: cómo te convertiste en profesor de escritura creativa, cuando considerabas que tratar de enseñar a escribir literatura era una tontería; cómo terminaste viviendo en los Estados Unidos, un país que antes despreciabas. Ésa es la idea.

(10) A las siete de la mañana, la vecina baja del tercer piso de la casa, con su holgado uniforme de cirujana, sube a su auto y sale rumbo al hospital. Primero, escuchas sus pasos en la escalera; luego, la contemplas a través de la ventana mientras se dirige a su auto. Es menuda, de cabello oscuro, ojos claros; con una guapura contenida, casi oculta. ¿Cuántas veces a lo largo de tu vida has visto con deseo a una vecina a la que nunca abordarás?

(11) Anoche volviste a la vieja vida que te sigue, que no se amilana; la vieja vida con su petulancia, su ridiculez. Te convences de que sólo la sacaste de paseo, pero ha sido al revés: ella fue la que se impu-

so y te llevó de la mano. Eran dos viejos de gesto patético entre la muchachada rebosante de vida. Lo peor es que ahora ella te recrimina, te culpa.

(12) Piernotas aquí, piernotas allá, piernotas acullá. Enloquecerás.

(13) *The Front Window* podría ser el título de los textos que escribas en este apartamento, desde esta posición de vigía, de contemplador ansioso, de fisgón de transeúntes, moradores, ciclistas.

(14) Percibes lo cerca que estás de perder la razón. Percibes la fragilidad de tu psiquis. Tienes miedo.

(15) Ciertos vicios crecen con la edad. Cuando te consideras por encima de ellos, espléndida madurez, aparecen de súbito, contundentes. Los celos, por ejemplo.

(16) Has llegado con la creencia de que tienes algo que enseñar, una pequeña sabiduría que transmitir.

Ahora descubres que estás ausente de ti mismo, vacío, incapaz de la mínima articulación.

(17) Te crees invulnerable, que el cambio de mundo no te afecta. Y actúas en consecuencia, como si tu debilidad desapareciera con sólo negarla. No te quejes cuando los nervios te pasen la cuenta.

(18) Te quedas pasmado al comprobar, una vez más, que no eres dueño de tus actos, que basta una fracción de segundo para que dejes de ser el que te crees y te conviertas en monigote de tus pulsiones. No te pasma en lo que te conviertes, sino la facilidad con que sucede.

(19) Buscas a ciegas, tan a ciegas que olvidas lo que buscas y el hecho de estar buscando.

(20) ¿De veras te parece que creces en cada cambio de ciudad? ¿De veras crees que tus aparentes metamorfosis te hacen mejor? ¿Comprarás una bicicleta?

(21) Tienes que deshacerte de ese sensualista que acapara tu atención y se complace en hacerte sufrir. Tienes que sacarlo de tu vida.

(22) Hasta el amor empieza a heder demasiado pronto.

(23) Sentado en la silla reclinable, con los pies sobre el escritorio, de cara a los ventanales por los que contemplas el parque con su luz matutina, te preguntas: ¿Quién me trajo hasta acá? Te lo preguntas una y otra vez, con cierto asombro, gratitud.

(24) *Blanco nocturno* de Piglia no corre, sino que camina con pereza; tiene escenas que le sobran. Parece mentira que le haya llevado tanto tiempo escribirla. Es una buena novela; nada más.

(25) Escribes para lucirte, que no se te olvide.

(26) Que ahora tengas este ventanal para contemplar el parque y a la gente que pasa, que ahora puedas ejercer tu vocación de fisgón, quizá no sea

casual, gratuito: lo que debes ver está frente a tus ojos, pero aún se te escapa.

(27) No te bastó más que asumir el viejo papel para derrochar tus energías. El borrachín provocador y el maestro espléndido se lo comieron todo. Por eso estuviste callado tres días. Sales al mundo y los papeles a los que te aferras son viejos y percudidos, pero su fuerza autodestructiva es la misma, si no peor. Métetelo en la cabeza.

(28) Del placer de ciertas aberraciones sólo queda la culpa.

(29) Te crees el gran seductor, el *womanizer*, capaz de conseguir a la que te propones. Permaneces firme en esa imagen de ti mismo. ¿Y si de pronto descubrieras con crudeza que es una fantasía? ¿Cuánto de ti mismo colapsaría? ¿Las seguirías mirando con el mismo anhelo?

(30) El miedo a perder lo poco que se tiene. El miedo a perder. El miedo.

(31) Te gustaría que nada te importara lo que los otros piensan de ti. En tus momentos de exaltación, crees que la opinión de los otros sobre ti te es indiferente. Pero en el fondo sabes que nada te importa tanto como lo que los otros piensan de ti, que eres vulnerable, que tu ser entero se remece ante la sola posibilidad de una opinión negativa. Y que te cuesta mucho volver a la normalidad una vez que has hecho una estupidez o el ridículo.

(32) La deseas tanto que el sueño de montarla arruinará tu vida.

(33) Pasar del amor a la masturbación parece el destino de algunas intensas pasiones.

(34) Te niegas a envejecer; no aceptas que has envejecido. Te crees el que ya no eres. Tendrás que claudicar.

(35) Primer día de clases. Ahora serás el «profesor». Se requiere cierto descaro.

(36) Asúmete de otra manera. Invéntate. Finge que eres lo que no eres. Tal vez con el paso del tiempo, con el movimiento de la costumbre, algo cambie dentro de ti. Luego colapsarás.

(37) Perder el último asidero, soltarse como nene que no sabe nadar en la honda piscina.

(38) La sensación de que te has traicionado a fondo, de que nada queda de lo que eras sino el recuerdo y la presunción.

(39) Has comprado certidumbre y comodidad; pagaste con tu grito de rabia.

(40) La vida es sumisión. Tu itinerario: cambiar de patronazgo. No pienses en ello o terminarás en la conmiseración. Siempre habrá alguien arriba de ti controlándote.

(41) La conciencia: broma macabra.

(42) Son unas princesas rebosantes, tentadoras. Tu carne se encrespa; tu mente las anhela. Pero en el fondo sabes que tu tiempo ha pasado. Distrae tu mente, distráela.

(43) Estableces una nueva rutina. Te cuesta. Pero poco a poco vas sometiéndote al nuevo orden. Hay momentos en que protestas, indignado, como si fuese culpa de los otros que tengas que vivir la rutina que tú mismo te has impuesto. Pero pronto te acostumbrarás, dejarás de pensar en ello y caminarás deprisa, con la sonrisa helada.

(44) Chicos de nuevo ingreso vienen a los columpios del parque. Pasan largo rato columpiándose, a solas, quizá con nostalgia por el hogar lejano o con ganas de calmar el desasosiego que despierta el entrar a una nueva vida.

(45) Esperas a que pasen. ¿A quién esperas? ¿Quién espera?

(46) Aceptar la repetición es muestra de sensatez; cualquier rebeldía es inútil contra esta ley de la vida.

(47) Imagina que ya estás muerto, que el que ahora piensa es otro. Tal vez disminuya tu ansiedad.

(48) Schopenhauer: consuelo para el escritor ansioso.

(49) Anoche machacaron tu ego. Careciste de capacidad de reacción. Tú mismo lo has machacado hasta embotarlo.

(50) Volver a Cioran: otro consuelo. La ley de los espíritus afines.

(51) La lucidez corroe, paraliza; es preferible el entusiasmo, la fuerza, la ilusión.

(52) ¿Cómo retornar a lo interno? ¿Cómo lograr cierto sosiego? ¿Cómo blindarte, cuando tus sentidos están exacerbados al máximo? ¿Cómo deshacerte de lo que tanto miras y tanto deseas?

(53) La esperanza es la tontería más tenaz, la última que se pierde.

(54) Has promovido en tu interior a alguien que sólo se dedica a boicotearte. Lo que antes hacías con facilidad y entusiasmo, ahora te cuesta hacerlo a causa de ese moralista que en todo se inmiscuye, que te paraliza y luego te enferma con la culpa.

(55) ¿Cómo puedes distinguir lo que es tuyo de lo que no es tuyo, las taras que te has labrado con tanto esfuerzo de las taras que has heredado, de las que sólo eres víctima y asumes como tuyas?

(56) Islandia. Intenso fin de semana. La luz sobre la bahía de Reikiavik; los ojos color de mar; la sensación de estar en los confines.

(57) Retomar la ruta. ¿Y si no hay ruta? Construir la ruta. ¿Para qué?

(58) Lo esencial nunca se aprende. Las pasiones siempre harán contigo lo que se les antoje. Tener

conciencia de ello te servirá apenas para reconocer su zarpazo.

(59) Con interés esperabas el libro *Aflorismos* de
Castilla del Pino. Qué decepción. Parece un her-
mano marista dando consejos sobre urbanidad.
No hay desgarre interior, ni dudas; puras recetas.

(60) ¿Dónde ha quedado tu voluntad?, te repites
una y otra vez. Despabílate.

(61) Con vergüenza te asomas a la vieja habitación, pero nadie te invita a entrar.

(62) Ciertos vicios vienen en los genes; imposible
arrancarlos, deshacerse de ellos. A veces, momentáneamente, desaparecen, pero sólo para regresar
con mayor virulencia. Una suerte de infierno es
vivirlos con culpa, creer que alguna vez podrás
exterminarlos.

(63) La proximidad del frío te estremece. Tu cuerpo protesta, quiere enfermarse. Tu mente también

reacciona: se contrae, se encapota como el cielo que la oprime.

(64) Has entrado al sitio de Amazon a curiosear sobre la venta de tus libros. Aquella novela está en la posición 739.159, en tanto que la otra en la posición 867.117. Ánimo, optimistas.

(65) Tu cuerpo está harto de tu mente; se subleva contra ella, despotrica, amenazante. Tu mente ha sentido el zarpazo. Entra en pánico; parlotea, apela, gesticulando, promete, una y otra vez promete. Pero en el fondo sabe que su suerte está echada.

(66) Ahora quieres comértelo todo. Es tarde: te faltan dientes, padeces del estómago, el intestino te flaquea. Pero no te resignas. El deseo te matará.

(67) Tus testículos se avergüenzan de sus canas.

(68) Hacer de la impudicia un oficio. Vaya consigna.

(69) Hedionda puede ser también la belleza.

(70) Sólo este tiempo, nada fuera de este tiempo. Idea sofocante, pero luego generatriz.

(71) ¿Vives un momento de transición o de retorcimiento? Lo que se retuerce puede volver a su posición original. ¿Y tú?

(72) Puedes pedir perdón en el ámbito de lo invisible, pero en lo que respecta a tu cuerpo de nada sirve la contrición: lo que has gastado, gastado está; y lo que has roto, ya no se pegará.

(73) Sensación extraña: si relees estos apuntes, no te reconoces en la voz de quien escribe. ¿De dónde salió el tipo que habla? ¿Por qué se te hace tan ajeno?

(74) Piensas en el lugar donde te gustaría morir. Como si eso fuese importante...

(75) Los «indignados» se han tomado el parque. Instalaron unas lujosas tiendas de campaña, sillas plegables, y llevaron a cabo un mitin para protestar contra los banqueros. Los ves desde tu ventana, debilitado por la gripe. La muchachada, las jovenzuelas rubias platinadas que aprovechan los últimos días tibios del otoño para orear sus atributos, les lanzan una mirada de curiosidad y siguen su camino. Es un fin de semana de partido de fútbol y de fiesta.

(76) Te sorprende tu progresivo enmudecimiento: cada vez te cuesta más ordenar las palabras, hilvanar las frases.

(77) La desestabilización de sí mismo como estilo de vida.

(78) Luego que despiertas, en las mañanas, sientes el hedor a viejo que impregna las sábanas, el aire denso de la habitación; un hedor que te recuerda a tu madre. Abres las ventanas y aún persiste. Lo llevas en las prendas, en la piel. Eres ese hedor. Acostúmbrate.

(79) Nadie puede traicionarse, como tú te has traicionado, sin pagar un precio, y el precio a pagar puede ser muy alto. Tu desequilibrio comenzó cuando en lo que te has convertido perdió todo contacto con tu idea de ti mismo. No se trata sólo de una traición en la que el traidor mantiene su rostro, sino que te desfiguraste, te llevaste a donde no había nadie que se pareciera a ti. Por eso tus esfuerzos por reconocerte consumen tu energía; por eso la debilidad permanente: gastas tus fuerzas tratando de mantener juntos al que eres —y en el que no te reconoces— con el que creías ser y ya no existe. La enfermedad tiene nombre, pero eso no es lo importante. Lo importante es que tienes conciencia de lo que vives sin poder cambiarlo, de lo que padeces sin poder recuperarte, de lo que eres sin poder reconocerte.

(80) Con tus taras mataste a ese ser distinto que se estaba gestando dentro de ti. Lo que te enferma es ese feto muerto.

(81) Un hombre que se persigue a sí mismo, que se acorrala, que no se deja ruta de escape.

(82) Caminar en el borde del abismo sin ningún sentido de aventura ni osadía, sino por la sola estupidez de no haber encontrado otro camino.

(83) Siempre serás usado por alguien que tiene más poder que tú. Se servirá de ti para satisfacer su vanidad o su ambición, de forma semejante a como tú buscas tu propia satisfacción.

(84) Cuando luego de una crisis vuelves a este cuaderno, sientes una especie de tibieza, como si los distintos seres que te conforman, luego de vagabundear a solas por las calles frías y húmedas, se juntasen.

(85) Diez meses sin escribir ficción. ¿Volverá?

(86) Es tan desaforadamente ambiciosa, zalamera, entrometida, que todos la rehúyen. Les recuerda algo que está muy escondido en ellos, algo que nunca reconocerían.

(87) Cenábamos cuando ella apareció por el restaurante; se comportó como si por casualidad nos encontrara. «Busco a una chica de dieciocho años», dijo, cabeceando hacia las demás mesas. Todos buscamos a una chica de dieciocho años, pensé. «Todos», dijo la colega que estaba a mi lado.

(88) Miedo a escribir las situaciones que vives, porque si alguien leyera eso que has escrito, eso que has vivido, serías pasto de la vergüenza.

(89) Escribes para esconder tu mentira. Lo que dices suena a verdad, pero es nada más una mascarada, tu forma de no encontrarte contigo mismo.

(90) Un hombre lejísimos de sí mismo, irreconocible, a punto de perderse en lontananza.

(91) No poder ser otro de ninguna manera. No poder cambiar ni una pizca de nada.

(92) Seguir leyendo a Sánchez Ferlosio. Superar el frío interno, ese que ni con la calefacción te abandona.

(93) El mismo parque, el mismo cielo, los mismos transeúntes, el mismo quiebre en tu mente que todo rechaza, a la que nada sosiega.

(94) Ahora lo descubres: has dejado de creer en ti mismo. ¿Dónde encontrar un poco de fe?

(95) Primera nevada, muy leve, pero el parque comienza a tomar la blancura que tendrá en los meses por venir. Las tiendas de campaña de los «indignados» están abandonadas. De nuevo la materialidad del tiempo.

(96) Luego de cuatro meses descubres a plenitud la celada en que has caído. Contemplas la blancura que cubre el césped, la luz invernal y a uno que otro viandante. Tendrás que asumir la trampa, convertirla en tu hogar, reconocer tu condición de animalito, de especie curiosa pero inofensiva.

(97) ¿De veras te meterás a reconstruir partes de la vida de Roque Dalton? ¿Lograrás convertir la simulación, la pereza y el miedo en un texto? ¿Porqué regresar a la pústula cuando tienes otro mundo por delante?

(98) Vuelves a Sófocles, prueba de que la sequedad ha llegado a su límite y que, quizá, con suerte, Joselito, o como ahora se llame ese personaje, reaparezca entre estornudos.

(99) Que no se te olvide: el encuentro de los dos ciegos, Edipo y Tiresias. El primero de huida, expulsado por Polinices y guiado por Antígona; el segundo en su morada, acompañado por su lazarillo. Edipo va hambriento, en busca de un bocado. La historia contada por el lazarillo.

(100) Estimulantes los ensayos de Sánchez Ferlosio. Lo primero que hace es descolocarse y luego comienza a acercarse desde distintas direcciones, y muy pronto el acercamiento es incisión y el objeto de estudio queda lleno de tajos, desguazado, impresentable. Lo acuchilla hasta rajarle las tripas y poner al descubierto sus excrementos. Asalto

escatológico. Sin hablar de la prosa, que merece otra reflexión de tan personal. Me hermana con ella la voluntad de la hipotaxis, con todos los riesgos que él mismo menciona.

(101) No se trata de la primera frase sino del aliento. Del aliento viene el ritmo; del ritmo, el hilvanado. Y si no se manifiesta el aliento, ¿cómo comenzar?

(102) Escribir porque se tiene la historia y el oficio. Escribir sin pasión, hasta con malestar, como quien trabaja de cajero en un supermercado y está atento sólo a las horas que le quedan de turno.

(103) La mascarada del escritor que ya no escribe, que ya no quiere escribir, que ya no le encuentra sentido a la escritura.

(104) De la mente a los miembros, y de los miembros a la mente, tu concupiscencia se pasea como reina del tablado, soberana a la que todos se someten.

(105) Pasan los días, y en vez de recuperar lucidez y energía, te mantienes embotado, inerte. No encuentras la ruta, la fórmula, para desentumecerte. Eres como un muñeco eléctrico al que se le han agotado las pilas.

(106) Cualquier sitio es bueno para el fracaso. Porque el fracaso es interior, es la certidumbre de que no puedes ser sino lo que eres, de que la posibilidad de cambio es pura ilusión. Y que tendrás que convivir con esa cosa que aborreces: tú mismo.

(107) En el fondo odiamos a Bolaño, como se odia al contemporáneo que deja al desnudo nuestra pequeñez.

(108) Perdiste la pasión. Ahora sobrevives gracias a tu capacidad de reacomodo.

(109) Constatar que los necios y tontos que vienen con uno, a medida que envejecen se hacen más necios y más tontos.

(110) A propósito de la autobiografía de Robert Creeley: ¿qué define el sentido de la hombría?, ¿qué nos la proporciona? Tantas torceduras que proceden de no haber reflexionado suficiente sobre ello.

(111) Cada día se despierta con la esperanza de que haya comenzado el bombardeo.

(112) Abjurar de todo poder, de toda pertenencia, de toda identidad. Abjurar.

(113) Cuando hablan, ellas no se desbocan, sino que se desfondan, quedan vacías. Observarlas es una experiencia perturbadora. Parece que no hay diferencia entre su adentro y su afuera; no tienen zonas secretas. Escucharlas agota.

(114) Vivir del escándalo, del alboroto de la víctima. Patético.

(115) Te has perdido tanto que lo único que se te ocurre para tratar de encontrarte es repetir la formulita que una vez funcionó y que tú mismo sa-

bes, aunque no lo reconozcas, que no volverá a funcionar y que seguirás igual de perdido.

(116) Pasar de un equivocado a otro equivocado. En cada uno de ellos, infeliz, ansioso por pasar al siguiente equivocado.

(117) Mangoré, el magistral guitarrista y compositor paraguayo, murió de un ataque al corazón en San Salvador el 7 de agosto de 1944, exactamente tres meses después del derrocamiento del general Maximiliano Hernández Martínez, quien había sido su protector desde 1939, cuando el guitarrista había aceptado la invitación del dictador de trasladarse a vivir a El Salvador. Mangoré tenía entonces cincuenta y cuatro años de edad y, en su ruta nómada, había vivido en varios sitios, incluida la Ciudad de México. ¿Qué lo llevó a aceptar la oferta de Martínez? Se dice que ya había sufrido un síncope en México, por lo que su muerte fue producto de una larga enfermedad. Sin embargo, uno puede preguntarse hasta dónde la caída del dictador afectó al guitarrista, quien de pronto se quedó sin mecenas que lo protegiera. ¿Hubo represalias por su amistad con Martínez? Es difícil de saber, pero el hecho es que hasta los golpistas esta-

ban relacionados con Martínez y no había motivo para encarnizarse con un famoso guitarrista paraguayo. ¿O perdió su puesto en la escuela de música con la caída del dictador? Si hubiese sido así, habría una novela en potencia en esos últimos tres meses de vida de Mangoré: la tragedia de un artista viejo y enfermo que, de pronto, se desmorona ante la nueva andanada que le inflige la vida. La otra pregunta es por qué Mangoré no se quedó en México, una ciudad que supuestamente habría ofrecido muchas más posibilidades a un compositor de su envergadura. ¿Simpatizaba Mangoré con las ideas filofascistas del general Martínez o con su afición a la teosofía, o con ambas? ¿O es que en México no le dejaron otra salida que largarse?

(118) No puedes cambiar de frecuencia si sólo tienes ese viejo radio. Consíguete otro.

(119) Has llegado al límite. Tienes que saltar la barda. Y la única forma de hacerlo es mirar alrededor. La vieja película se gastó; ya no tiene colores, sino que es un mero borroneo. Eres las obras que has escrito. No sigas hurgando en esas cajas donde sólo encontrarás libros viejos carentes de valor. Tu pasado empieza a heder. Levanta la vista.

(120) ¿Te hace falta regresar al infierno de la paranoia y el fervor cotidiano?

(121) ¿Qué siente quien descubre que es el asesino involuntario de su madre y cómo vive a partir de ese momento?

(122) Recuerdas a los que se han quedado en el camino, ya sea porque les tocó la muerte o porque se les acabó la batería. Te preguntas si tu hora no estará llegando.

(123) El tiempo blande su machete filoso. Opinemos.

(124) A veces sientes como si tu masa cerebral se hubiese ablandado: no puedes siquiera sostener una línea de asociaciones por un tiempo prolongado. Saltas de una ocurrencia a otra sin avanzar en ninguna dirección.

(125) Lo peor es estar en manos del que más detestas, de quien abjuras. Lo peor es tener una vislumbre de su soberanía y de tu impotencia.

(126) Su quebranto nervioso procede del hecho de que ya no se gusta a sí mismo como solía gustarse. No tiene defensas contra su propia lucidez.

(127) El miedo a la esterilidad. El miedo a que el bloqueo sea permanente. El miedo a ser olvidado a las primeras de cambio.

(128) Cada búsqueda parece de antemano destinada al fracaso. Quizá porque son búsquedas impuestas, no salen de las entrañas, sino de la mente ambiciosa.

(129) En el corazón de la escritura yace enquistada la vanidad más tenaz, la inverosímil, la gran manipuladora.

(130) Te despiertas pensando en tu pequeño país, un país al que desprecias y en el que no quisieras

pensar cuando despiertas. ¿Por qué te sucede eso? ¿Cómo llegaste a la idea de que debes jugar un papel en su historia? ¿Quién te la impuso? Si lo descubrieras seguramente no despertarías pensando en tu pequeño país.

(131) Las palabras se vaciaron. Ahora son cascarones. Puedes poner dentro de ellas veneno, lo que quieras. Nada significa nada si no lo explicas.

(132) Sitiado. Pierdes las ganas de todo. Salir a la calle significa entrar a la batalla.

(133) Tu nueva consigna: continencia, renuncia, aceptación. ¿Será? ¿Crees que te puedes engañar a tales niveles? ¿Después de tantos años te conoces tan poco? ¿Dirás «no» ante el destello de la carne? ¿Ni siquiera has entendido que la renuncia y la aceptación son excluyentes?

(134) A veces se escribe para hacer escarnio de los que alguna vez quisimos ser y no pudimos ser. Para muestra Bolaño con sus profesores de literatura.

(135) Un escritor que quiere citar todo lo que ha leído, todo lo que sabe.

(136) Aún quedan algunas tiendas de campaña en el parque. La mayoría abandonadas ante la dureza del clima. Destacan sobre la blancura de la nieve como símbolos tercos de una sociedad que se consume.

(137) *Los sinsabores del verdadero policía*: una inagotable capacidad de inventar historias. Es un escritor desbocado, como el condenado a muerte al que le dicen que cuente su vida en cinco minutos y tal vez se salve. Eso es lo vertiginoso.

(138) Si tuvieras una foto de cada una de tus angustias, vaya horror el que sentirías de descubrir cómo te repites, y aunque haya pequeñas variaciones, estas sólo acentúan lo grotesco.

(139) Aprende a no escuchar las voces que conocen tus flancos, que se aprovechan de tu vulnerabilidad. Aprende a no reaccionar ante ellas, a dejarlas pasar por tu mente sin prestarles atención alguna.

(140) Te comieron la mañana. Y sin la mañana no eres nada. Prueba de ello es este cuaderno, donde escribirás cada vez con menos frecuencia.

(141) Tu mente y tu cuerpo juegan contigo. Ellos hacen una finta; tú te asustas a morir. Y llevan el juego de la autodestrucción a tales niveles como si creyesen que te sobrevivirán.

(142) Detectar tu miedo profundo, secreto. Mantenerte inmóvil, atento, impávido. Sentir como se expande por tu ser. Aguardar.

(143) Y si el miedo pudiera solidificarse, ¿qué forma tendría?

(144) ¿Cuándo dejarás de sentir miedo? ¿Cuándo harás algo que no sea hijo de tu miedo?

(145) Debes buscar *La vida de Henry Brulard* y leerlo de inmediato. ¡Cómo has podido pasarlo por alto! Te destrabará. Te lo aseguro.

(146) La fuerza de Bolaño es contagiosa. Ahí radica su magia. Al leerlo de inmediato dan ganas de escribir.

(147) Imágenes en tu mente mientras el dentista te pide que abras la boca. Ante la inminencia del dolor, tu mente busca de inmediato el placer no consumado, imágenes de mujeres deseadas y no poseídas. Extraña conexión entre la inminencia del dolor y las imágenes para la masturbación.

(148) La autopromoción es una forma de la masturbación. Dalí lo entendió muy bien: por eso una vez que tuvo conciencia del gran masturbador que había en él, se dedicó a la más desenfrenada autopromoción. ¿Por qué no hacerlo si había comprendido que la masturbación estaba en cada uno de los movimientos de su espíritu?

(149) Hacer de la vida una negación absoluta. Decir no a todo. Negarse a lo mínimo. Rechazar, ignorar.

(150) Sueñas con tu abuela: su rostro gesticulaba sobre un fondo negro, pero no escuchabas lo que

decía. El rostro se iba alejando hasta desaparecer en la oscuridad.

(151) Si pudiéramos ver lo que el destino nos reserva, ¿no sería nada más una forma de prolongar la agonía?

(152) Perder la ilusión del placer puede ser mortal. Sin sexo, sin alcohol, sin alabanzas, ¿qué sentido tendría tu vida?

(153) La frivolidad en cada ambición; el pavoneo en todas las rutas.

(154) *Pedro Páramo*. Fue como si nunca lo hubieses leído. La muerte por todos lados. ¿Se escuchará aún el bastón de tu abuela golpeando las baldosas del corredor?

(155) *Pedro Páramo* crea una fuerte impresión sostenida porque nos hace preguntarnos: ¿Y si realmente es así?

(156) El momento en que la muerte toca a la puerta. El momento en que dice «Puedo pasar» y enseguida entra. Lo que sigue.

(157) La carne sin aliento se corrompe de inmediato. Jamás olvidarlo.

(158) Nadie puede prepararse para la muerte. Nadie puede hacer nada.

(159) Lo más impresionante de las memorias de Reinaldo Arenas es que tuvo conciencia del instante en que la muerte tocó a su puerta: la inexplicable y súbita explosión de su vaso de cristal en la mesa de noche. Enseguida le diagnosticaron el sida y se sumió en su escritura agonizante.

(160) Lo que se escribe con rabia, vale; cuando aparece la piedad, eres otro.

(161) Un día brillante como si la primavera estuviese a las puertas. Los árboles, sin embargo, no mienten: las ramas completamente desnudas parecen

arabescos en el fondo azul. Las tiendas de campaña de los «indignados» persisten en el parque, abandonadas, mecidas por el viento, como si fuesen pequeñas carpas de circo cuyos integrantes de pronto dejaron de encontrarle sentido a su espectáculo.

(162) Incursionas en Twitter con unas notas como las que abundan en este cuaderno. La experiencia es extraña, por no decir fea. La frase pierde la densidad de la idea y adquiere el oropel del espectáculo.

(163) Las ganas de desnudarse y de que todos aplaudan a nuestra desnudez. Es la marca de la época.

(164) Reputación: fea palabra, desde donde se le vea.

(165) El sentido de tu vida está pegado con alfileres. Has desempolvado viejos entusiasmos, pero de tan viejos te parecen irreconocibles, y apenas despiertan en ti una tibieza pasajera.

(166) *El alma de Gardel* de Levrero. Muy estimulante. El desparpajo, la levedad y la estocada.

(167) No eres dueño de tus asociaciones mentales, sino que ellas son las dueñas de tu mente, la ocupan como una partida de putas a las que invitaste una noche a casa y se quedaron para siempre, disponiendo y correteando a su antojo.

(168) Levrero en *El alma de Gardel*: «Qué garantía, pues, tendrá mi lector de la fidelidad de este relato que es, él, pura memoria y sólo memoria. Pero qué garantía tenemos, todos, de la fidelidad de un libro de historia, o siquiera de las noticias de un periódico. Si yo me veo obligado a dudar a cada momento de mi propio relato, sabedor de mi honestidad pero desconfiado de los mecanismos de la percepción y el archivo de datos de mi propia mente, cómo voy a confiar de lo que recibo de manos ajenas, y de gente que, por otra parte, tiene sobrados motivos para engañar».

(169) Sueño con mi padre. Estoy en una sala y me niego a verlo. No recuerdo quien le dice que no

puedo recibirlo. O algo así. Las palabras todo lo deforman.

(170) De pronto descubres que quieres reactivar viejas pasiones como el periodismo, la lectura política. Vuelves a los roles que antes te hacían sentirte importante y que ahora han perdido sentido. Es como acostarse con una vieja amante que ya no te enciende.

(171) Cuánta madre en la hija, Dios mío, cuánta madre. Cuánta abuela en el nieto, por Dios, cuánta abuela.

(172) Cómo te cuesta entender lo que te está diciendo la vida. Cómo te cuesta dejar lo que te está diciendo que dejes.

(173) El verano entró de súbito, saltándose a la primavera, y con él vino la desnudez, la carne reluciente. Amárrate a tu silla, ponte bozal y voltea hacia la pared.

(174) ¿Por qué te cuesta tanto escribir sobre tus viajes? Siempre sucede lo mismo: unos días en Bogotá, otros en Buenos Aires y los últimos en Rosario, y nada, sólo una saturación de impresiones y mucho ruido en la mente, muchas ansias. El principal problema quizá sea que, al viajar para hablar de ti mismo y de tu obra, el ego se infla y ocupa todo tu espacio interno. Las impresiones entonces entran percudidas, saturan y son estériles para la escritura.

(175) El virus lo emponzoña todo. Malestar en el cuerpo y en el espíritu. Ganas de no estar, de no ser. Un virus rabioso también; quisiera desquitarse con alguien, pero como no tiene con quién, se muerde solo.

(176) El castigo no consiste en que te hayan puesto en un sitio donde hay sin autorización para tomar de lo que hay, sino en que te pusieron cuando ya eres incapaz de tomarlo.

(177) En el parque las chicas juegan, toman sol, corretean al viento, a cual más bella, con sus shorts apretados, las camisetas entalladas y su brillante

carne blanca. Tú observas a través del ventanal; luego te quitas las gafas, bajas la mirada y escribes en tu cuaderno. Consuelo del viejo.

(178) La maravilla de la vida está allá afuera. Sientes envidia, rabia. A medida que envejeces crece tu resentimiento. Lo que te espera...

(179) «Amargura.» Ése es el título que has estado buscando, el título que refleja con mayor precisión tu estado de ánimo dominante. ¿De dónde viene tu amargura? ¿Qué parte de ella heredaste, qué parte aprendiste, qué parte te has esmerado en cultivar? Una obra para sacar a flote tu amargura, para deshacerte de ella, como se saca el mojón que flota sobre las aguas. ¿Es la amargura de tu abuela la que ha regido tu vida? De nada sirve que se la achaques a ella o a quienes te formaron, lo importante es que está ahí y no sabes qué hacer con ella.

(180) Lees el *Diario* de Ángel Rama. Grata sorpresa. Nada de escritura académica. Es lúcido, desgarrado, brillante. Y muy agudo en las observaciones sobre la gente que lo rodea.

(181) Los viejos diablos vuelven con la insolencia del anciano arrogante, enloquecido, empecinado en imponer su voluntad a costa de lo que sea y de quien sea.

(182) Otra mañana plácida, con el sol que se alza iluminando el parque: los árboles, el quiosco, los columpios y ni un transeúnte. Demasiado temprano. Sólo la loquita del segundo piso sale a la calle, atolondrada, apenas cubierta por el gorro y el abrigo.

(183) Has comprendido que no vivirás esa vida que no viviste y cuya ausencia te crea dolor. Añoras la ilusión de la testosterona y la carne fresca. Comprender no basta para acabar con el animal que se encrespa.

(184) Relectura: *Aura* de Carlos Fuentes. Nada quedó de ese escritor en la verborrea que padeció años más tarde.

(185) Más temprano que tarde el escritor comienza a vivir de sus réditos, es decir, comienza a farsantear.

(186) Finalizas el *Diario* de Ángel Rama. Estupendo. Lo sientes muy cercano, alguien de quien te hubiera gustado ser amigo. Algunas de sus reflexiones sobre el envejecimiento son caladoras, explican cómo lo vives tú mismo. El avionazo en que murió quizá lo salvó de una vejez ingrata.

(187) Piñera *dixit*: «El purgatorio de los escritores menores».

(188) Tanta rubia soñada en las calles, tanta juventud rebosante en sus carnes, produce amargura en el viejo que no se contenta con la contemplación.

(189) Aprender a aceptarse sin complacencias, sin repugnancias, sin querer ser nada más de lo que se es.

(190) Transcurrir con la serenidad con la que los planetas giran en el espacio, con la serenidad con la que el sol se mueve en la galaxia.

(191) ¿Para qué necesita la Tierra a la Luna? ¿Podría deshacerse de ella? ¿Para qué?

(192) Sólo su absoluto desamparo en el cosmos explica que el hombre se adhiera con tal fanatismo a las causas de su tiempo.

(193) De pronto sientes asco de aquello que has sido, de aquello a lo que has pertenecido. Te preguntas por qué. Lo desconcertante es que hayas escrito un libro sobre eso y aún te lo sigas preguntando.

(194) Los pruritos enferman.

(195) Un movimiento al interior de tu columna cuando eyaculas, el traqueteo de la máquina que envejece.

(196) Olomouc: el sueño de la fornicación.

(197) Las ataduras: ellas son la razón de la vida, de lo que te quejas, las que te permiten crecer o hun-

dirte. Ni siquiera puedes imaginarte libre de ellas. ¿Sucumbirías?

(198) Ella escribe con el culo, las mejores frases le salen de ese orificio oscuro, terminal quién sabe de qué rutas invisibles. Ella escribe con el culo, pero no lo sabe.

(199) Nada te tranquiliza; en el destello de cada piel imaginas un orgasmo. Quisieras lamerlas a todas. Sufres porque apenas te tocó una pequeña tajada. Y sufres más al recordar que tuviste tantas tajadas a mano y las ignoraste, o hasta las despreciaste, como si hubieses sido el dueño del pastel, y no apenas un comensal al que le toca su tajadita.

(200) Entender la conciencia como el asombro que se produce al alumbrar zonas oscuras y desconocidas de uno mismo, y no como el remordimiento por lo que se descubre en esas zonas oscuras.

(201) Te cuesta volver a Dalton, encuentras algo que te disgusta cada vez más en él: el fervor con

el que repite la tontería ideológica y política de su tiempo. Eso lo terminó matando.

(202) La idea de la conciencia como algo que está fuera de nosotros, de nuestros estados ordinarios, como una especie de frecuencia o longitud de onda a la que a veces accedemos.

(203) Momento bisagra: o dejas que el zutanito haga a su antojo y que cierre la puerta quizá para siempre; o lo distraes con más tareas mientras buscas la manera de mantener la puerta abierta. No olvides que su objetivo es matarte.

(204) Lunes 11 de junio. Hace treinta y un años murió mi padre. Lo tengo tan olvidado, tan poco presente en todos los órdenes, que el treinta aniversario de su muerte se me pasó por alto. No sé por qué ahora he comenzado a sentir su presencia. Quizá porque estoy acercándome a la edad que él tenía cuando murió.

(205) Quieres entrar al museo del horror sin comprar boleto. No te hagas ilusiones: si descubres el

origen de ese mal, de ese crimen, el mal se desquitará. Por eso no te jactes, baja la cabeza, mantente alerta, no presiones ni insistas en rutas que llamen la atención. Haz como si no supieras.

(206) Ellos lo saben todo de ti; tú no sabes nada de ellos, aparte de que se dedican a saberlo todo de ti.

(207) Ahora que te has quitado los lentes vuelves a ver el mundo tal cual es: horrible, insoportable. Y el mundo te parece así porque lo que ves dentro de ti es también feo, y tu fealdad interna contamina todo lo que entra por tus ojos. Los lentes te protegían de eso, pero quieres prescindir de ellos a la fuerza, para demostrarte que aún tienes voluntad y puedes resistir. ¿Has olvidado por qué te pusiste los lentes? ¿Has olvidado lo que te obligó a llevarlos puestos?

(208) Un hombre que tiene conciencia de sus gestos heredados, genéticos; un hombre que está atento a esos gestos y no reacciona, ni los evita, ni los reprime, sino que los siente ajenos, que no le pertenecen. Un hombre desquiciado.

(209) Siempre tienes una excusa para no sentarte a escribir, algo que te detiene en el camino. Es como si hubieses perdido la voz. Lo único que te define, a lo que dices que apuestas todo, es lo único que no haces. Estás a la espera de lo que no vendrá. Tienes que concentrarte, pero el impulso se queda corto. Y ni siquiera sabes por qué.

(210) Nada se mueve. Los estímulos desaparecieron. Yaces postrado por la indolencia. Tendrías que hacer un gesto radical.

(211) No necesitas demasiada lucidez para descubrir los ciclos de tus crisis, ni para descubrir el detonante de las mismas. Cuando tienes que asumir una responsabilidad, un rol que no estaba en tu lista de expectativas, entonces la mente y el cuerpo se encrespan, reniegan. La presión arterial se te dispara. Podrías escribir una historia de tu vida adulta a partir de esos picos en que la presión arterial se te ha ido de las manos.

(212) Recibes el reporte anual de regalías de tus libros. Confirmas que apenas se venden, que a muy pocos les interesa lo que haces, que escribir en tu

caso es una actividad casi inútil desde la perspectiva económica, que sólo los diablos, tu ansiedad o una ambición estúpida te mantienen en la senda. Lo curioso es que siempre lo has sabido, pero que aún tengas esperanzas de que ello cambie, que de pronto tus libros comiencen a venderse como fuego que se expande en la pradera. Eso no está en tus manos que suceda. Pero tu ilusión se niega a capitular; sientes un vacío bajo tus pies ante la idea de que siempre será así. Careces del coraje para deshacerte de esa ilusión, lo que evidencia que tus motivaciones no son cabalmente las que tú piensas.

(213) La idea del éxito es tiránica, la peor adicción. Por eso es una idea tan exitosa.

(214) Te quejas de que tu obra no ha recibido la atención, las críticas, las traducciones, el elogio que se merece. ¿Y si fuese al revés?, ¿si tu obra hubiese recibido más atención, crítica, traducciones y elogio del que en verdad merece?

(215) Un escritor que se tiende trampas, que luego no lograr salir de ellas y empeña sus energías en fantasear cómo sería vivir fuera de esas trampas.

(216) Es el miedo el que te sube la presión arterial. Y es también la ignorancia: no saber a qué le tienes miedo. Te muerdes las uñas por eso, tomas ansiolíticos por eso, bebes de más por eso: por tener miedo sin saber claramente a qué le tienes miedo.

(217) Tienes conciencia de que entrar a ese mundo en la vida real arruinaría tu sistema nervioso, dispararía tu paranoia, consumiría tus defensas y tu poca estabilidad. Con lo que has visto es suficiente. Lo demás puedes imaginarlo y hasta con sentido lúdico, sólo así podrás realmente disfrutar la escritura.

(218) La pereza de embarcarte en una obra que te has impuesto, que forma parte del catálogo de tu «deber ser», de asumir una responsabilidad que en realidad no es tuya. Revienta esa idea, reviéntate.

(219) Has avanzado poco, como el hombre que camina con las manos atadas a la espalda, consciente de que puede apresurar el paso, pero no correr, porque la caída será dolorosa, y más difícil aún ponerse de pie.

(220) Si te le escapaste a alguien que quería hacerte pagar tu osadía, que quería cobrarse con tu vida, no le des una segunda oportunidad. Recuerda que su odio permanece, agazapado, y puede saltar a la menor oportunidad.

(221) Lees los diarios de trabajo que Dostoievski llevaba mientras escribía *Los demonios*. Cuánta enfermedad, miseria, incertidumbre. Deberías sentir vergüenza de quejarte.

(222) El placer íntimo que sientes al desearle el mal al prójimo, ¿será compartido por cada uno de tus congéneres?, ¿pertenecerá a la especie o a tus torceduras personales?

(223) Larga reseña sobre los diarios completos de Gombrowicz en el *New Yorker*. Dudas si comprarlos. Cuando leíste los *Polish Diaries* te parecieron tan insípidos en la versión inglesa...

(224) No te has dado tiempo para la reflexión. Has permanecido entuturutado, vaya palabra extraña, en tareas que te permiten certificar que ha-

ces lo que se supone que debes hacer. Despiertas embotado. «Traición» es la primera palabra que viene a tu cabeza.

(225) Uno no se da cuenta de la existencia de Otro; desea y posee como si Otro no existiese. Pero todo lo que Uno piensa, desea o hace, afecta a Otro. De hecho, el éxito de Uno es la derrota de Otro, aunque Uno no tenga conciencia de ello. La función de Uno es matar a Otro. Y éste, ¿qué hace? Nada. Se lamenta. Pero Uno no puede escuchar sus lamentos, lo ignora.

(226) Un mongólico cuya principal actividad es permanecer frente al espejo observándose, embelesado con sus rasgos, con su expresión.

(227) Te levantas, preparas un café y te sientas a tu mesa de trabajo. La computadora está a un lado, cerrada. Te dices que revisarás la prensa, las noticias del día. Pero nada haces. Permaneces con la mirada perdida en el parque. ¿Hay algo que aún despierte tu interés, algo que no seas tú mismo?

(228) ¿Oficio? Adorador de sí mismo.

(229) La tarde de ayer caminabas por el centro de la ciudad agobiado por la idea de que estás acabado, de que no escribirás más algo que valga la pena, que tu pluma se ha secado. Diste una ronda por la peatonal, entraste un momento a la librería, luego te plantaste en una esquina, a observar el concierto de una banda de rock, encaramada en una tarima a media calle, y a los pocos transeúntes que parecían disfrutar de la música. Todo te pareció falso; hasta sus gestos al tararear las canciones eran impostados. Sentiste pena por los músicos, y por ti mismo.

(230) El cielo se abre de pronto: cae una luz límpida. El parque se ilumina; los pájaros gorjean con más intensidad. Deberías meterte en ese intersticio. Pero la sola idea de que el cielo se cierre de nuevo te paraliza.

(231) Te gustaría creer que en alguna esfera, donde morarían los invisibles, hay quienes apelan a tu favor y quienes piden de una vez tu cabeza. Te da pavor la idea de que nada sea así, de que no haya nadie ni esfera alguna.

(232) Barrotes: no son lo que la gente espera de ti, sino lo que tú imaginas que la gente espera de ti.

(233) El problema de asumir una moral, cualquiera que ésta sea, de creértela, es que consumirás buena parte de tu tiempo tratando de justificar lo que antes te parecía natural. Este pleito interno te conducirá a la parálisis, aun a la enfermedad. Ya nada será natural. Tu conciencia se convertirá en una especie de cura prefecto, con el ceño fruncido desaprobando tus actos.

(234) Tu sudor ha cambiado: un olor más fuerte, una textura más densa. El olor de un animal sin sexo.

(235) ¿Y si tu vanidad no te dejara ver que lo que has escrito es una breve novela aburrida, que se sostiene apenas por el oficio acumulado?

(236) La luz matinal da brillo a los verdes del parque. Tu ventana es pequeña, pero por ella puedes ver el mundo de afuera, un mundo ajeno a tus ansiedades, a tus pasiones, a tu embotamiento. Te jactas de que una vez huiste de la posibilidad de ser

curado, porque en el fondo sólo vives para tus sentidos y para lo que hace brillar tu ego. Y la curación hubiera sido el silencio, la ruta desconocida, lo que dices querer pero que muy dentro de ti aborreces.

(237) «A day, whether six or seven ago, or more than six thousand years ago, is just as near to the present as yesterday.»

«As long as one clings to time, space, number, and quantity, he is on the wrong track.» (Meister Eckhart)*

(238) ¿Y si en vez del cuerpo de los peatones que pasan frente a tu ventana vieras sus almas, no su charla interior, que a lo más resultará curiosa, sino sus almas? ¿Qué verías?

(239) Quisieras estar muerto para el mundo sólo para impresionar al mundo. Cualquier cosa que

---

* «Cualquier día, ya sea hace seis o siete, o hace más de seis mil años, está tan cerca del día de hoy como ayer.» «En cuanto uno se aferra al tiempo, al espacio, al número y a la cantidad está en el camino equivocado.» (*N. del E.*)

haces, te propones o quisieras hacer, responde a tu deseo de impresionar al mundo. Nada esencial haces para ti mismo, para tu interior, para tu silencio.

(240) Él quiere que lo admiren aquellos que le repugnan; él busca el aplauso de aquellos a quienes desprecia.

(241) Lo que distingue a los tiempos que corren es la ausencia del sentido del misterio, la pérdida del respeto al misterio. Creemos que todo lo podemos saber, hacer, controlar. Pero el misterio sigue ahí, aunque ya no pensemos en él o lo asumamos como un crucigrama del que leeremos la solución en el periódico de la mañana.

(242) En nada eres diferente de quienes han perdido toda idea del misterio. Ellos, sin idea, y tú, a veces con la idea, son semejantes: seres sin ningún contacto con el misterio.

(243) La mención del misterio es una de tus formas de lucir. No cualquier forma, sino la que utilizas cuando te sientes más fino, cuando el reto

de la seducción es muy alto. Así eres de ajeno al misterio.

(244) Nunca aprendiste otras formas de diversión que aquellas asociadas a tus vicios. El cuerpo te lo cobrará.

(245) La frivolidad que criticas en aquél es la misma que a ti te afecta. Tu gesto es más adusto. No hay otra diferencia.

(246) Llegaste a una edad a la que no esperabas llegar, para la que no tenías previsiones. Por eso actúas como si tuvieses otra edad, en la que tu mente quedó varada hace mucho tiempo. La pregunta es si tuviste previsiones para alguna edad o si lo que siempre te ha sucedido ha sido producto de la biología y sus circunstancias.

(247) La soledad de la carne, su escalofrío.

(248) Está en la naturaleza de la mosca buscar la luz, volar hacia el cristal a través de la que ésta

entra, y posarse en él una y otra vez, sin importar que pueda ser aplastada.

(249) Debes reflexionar sobre la noche en blanco en Stavanger. Nunca olvides que se la debes a esas últimas notas de Wittgenstein.

(250) Ten cuidado. No la desees tanto. Puede que el deseo se te conceda y después no sepas qué hacer con ella.

(251) Espléndido día otoñal. Desde la ventana contemplas los árboles con sus hojas amarillas y rojizas, bajo el fondo azul brillante. Ésta es tu soledad, la que te toca. No importa si tú la buscaste. Es la tuya.

(252) Has durado demasiado. Eres, cada vez más, naturaleza bruta.

(253) Regresas de Miami, ciudad que siempre habías evitado. Te cuesta pegar los pedazos que eres, como si cada yo estuviese alejándose de los otros.

Permanece atento: puede que pronto algunos de ellos no peguen más, y queden perdidos, y en caso de que los busques de nuevo ya no te encuentres.

(254) Estás vacío. Nada suena dentro de ti. Las voces te han abandonado. Cuando haces un esfuerzo, lo que consigues es un eco tenue, apenas un remedo de viejas voces perdidas. ¿Por qué te abandonaron? ¿Volverán?

(255) Ella entra al bar y por casualidad se encuentra en la barra con un viejo amante, con quien se ha prometido no meterse de nuevo en la cama porque él no le da lo que ella espera. Se saludan y pasan a una mesa. Ella dice que está a punto de la depresión, que se siente sola, aislada; sus ojos se tornan acuosos. Él dice que pasa por una situación semejante. Beben. Luego van al apartamento de él. Beben más. Entran a la recámara y ella obtiene lo mismo que había obtenido en ocasiones anteriores. Pero ahora, cuando se viste, por un momento, hace una mueca de agradecimiento. Sale a la calle.

(256) En tu fantasía la posees o la besas con ternura o escuchas sus historias llenas de ilusión y en-

canto. Ten cuidado mientras fantaseas, no vaya a ser que tropieces y termines con los dientes quebrados.

(257) Has perdido tu espacio interior, el resguardo desde el que escribías. Las imágenes de tus deseos ocupan ahora ese espacio y no te permiten hacer lo que antes hacías.

(258) Tu bestia te humilla, pero lo hace de tal forma, con tal cántico, que te crees que sólo eres ella.

(259) El mono loco anda suelto de nuevo, en plena parranda, con ganas de meterse aquí, con ganas de saltar hacia allá. No te dejará en paz. Mejor síguele la cuerda. Tal vez se cansa. También puedes quedar tirado en el camino como su víctima. No hay más.

(260) Sentir que los segundos pasan con una lentitud desesperante. Observar las casas, el cielo y a los pocos transeúntes con la sensación de que el mundo se desmorona poco a poco. Cansado de desear, cansado de esperar.

(261) Días mínimos y grises. Los chicos terminaron las clases y se largaron. La ciudad apenas respira, como un animal que se prepara a hibernar. Ni en los bares se ve un alma. Sólo las ardillas que trepan a los árboles.

(262) La disipación está en el centro de tu angustia. Si el entusiasmo, si la disciplina, si alguna fe te visitara de nuevo, quizá podrías tomar otro impulso. Mientras, seguirás disipándote.

(263) El mundo que construiste a nadie interesa. ¿Te lamentas? ¿Te autocompadeces? De nada sirve. Terminarás sucumbiendo. Aprovecha el tiempo que te queda.

(264) Siempre encontrarás la ocupación que te impida escribir lo que se supone que deberías escribir. Y eso sucede porque quizá ya no tengas nada que escribir y sólo en tu mente queda la ilusión de que no estás escribiendo lo que tendrías que estar escribiendo. Si aceptaras el vacío, el silencio, otro ánimo te embargaría.

(265) Puedes ser traidor y bellaco con aquellos que te admiran. Pero eres sumiso con los que te humillan.

(266) Crees tener las explicaciones, crees entender, pero en verdad no sabes por qué tu mente conspiró contra ti mismo. Te fue imposible dar el paso, un paso que ya tantas veces habías dado en tu vida. El miedo te paralizó; es lo único que sabes: el hecho de que no fuiste capaz de tomar el autobús hacia la ciudad donde ella te esperaba. Lo demás es oscuridad, ganas de que las cosas hubiesen sido distintas.

(267) Ponerse la pistola uno mismo en la sien para obligarse a cambiar de rumbo.

(268) La rabia del hombre que envejece y no quiere envejecer; la rabia de quien, derrotado, ve cómo su voluntad es aniquilada por la naturaleza. La rabia estéril que sólo envenena.

(269) Parece que las ideas no son de uno, no obedecen a un chispazo de la mente, sino que siempre

han estado ahí, en un lugar inaccesible, imposible de ubicar, y al que accedemos a veces por un instante, pero donde no podemos permanecer nada más que ese instante. Por eso, cuando estamos de regreso, si no tenemos la capacidad de reacción para apuntar de inmediato la idea, ésta se esfuma y no volvemos a encontrarla.

(270) A través de la ventana, ves a la gente que pasa, imágenes fugaces, ajenas, pero las ves con cierta ansiedad, como si en ellas fueras a encontrar un alivio al desasosiego que padeces.

(271) Visita de P. Paternidad ansiosa: el retorno de las viejas culpas y también la alegría animal de verse reflejado en la cría.

(272) Al defecar, cuando la estocada de excremento golpea tu olfato, te asombras de la complicada máquina que somos: el final de nuestro apetito es la inmundicia.

(273) Llama la atención el disgusto que Dante causa a Schopenhauer, y el abierto desprecio que le pro-

duce a Nietzsche. Hay una continuidad en el pensa-
miento alemán de cara a la *Comedia* de Dante.

(274) La muerte podría ser como la vida: una pesadilla de la que no se despierta.

(275) ¿Quién se come tu energía cada vez que te
masturbas? ¿Quién se engorda con ella? ¿Qué cla-
se de parásito mental es el que te la chupa, el que
te consume? ¿Tiene vida propia, decide por sí mismo o alguna vez podrás deshacerte de él, como
uno se quita de encima una plaga de piojos o un
acceso de amebas? ¿Cuál es la medicina? ¿Qué tipo
de veneno necesitas para extirpar ese ente mental
que te succiona lo mejor, lo poco que te queda?

(276) Observas la blancura del parque bajo la
nieve, los árboles con las ramas desnudas y brillantes por la capa de hielo y el tenue reflejo de la luz
matinal. La imagen y el lenguaje apropiados para
una postal, pero no para describir la lejanía que
sientes de ti mismo: no encontrarás imágenes ni
palabras que te dejen satisfecho si intentas expresar
esta forma de estar y no estar, de ser y no ser.

(277) Repulsión en el cuerpo porque la mente no acepta lo que la vida demanda.

(278) Échale la culpa a los otros de tu infelicidad, si crees que eso te ayuda. Pero tal ilusión durará poco: al menor atisbo de lucidez verás que eres tú quien ha decidido y escogido. Y que la vida te ha sucedido de esta forma porque no pudiste hacer nada para que te pasara de otra forma.

(279) Te iría mejor si fueras poeta: aprovecharías el paisaje blanco y helado para descargar tus ansiedades. Si lo que ahora padeces son intensos estados de ánimo, ¿de qué sirve el oficio de contar historias?

(280) Ayer, a lo largo del viaje a Amana, te comportaste como tu madre, en verdad eras tu madre: la gestualidad, los exabruptos, el chiste, la forma de imponer tu conversación, de mantener a los otros, en especial a tu hijo, en silencio. Hasta cuando tomaron las fotos eras tu madre: la misma postura, la misma expresión adusta en el rostro. Todo el tiempo fuiste tu madre creyéndote otro.

(281) Descubrir que eres lo que tanto desprecias.

(282) Te duele la espalda, como si estuvieses cargando el mundo. Relájate.

(283) Compites siempre, en lo más esencial, en lo mínimo y hasta en lo más despreciable, siempre en la competencia.

(284) Abres al azar los diarios de Kafka: «Seguid danzando, cerdos; ¿qué tengo yo que ver con ello?».

(285) En vez de desayunar algo sólido, tomas tu café mascando tu miedo a la muerte, tus poses ante ese miedo. Que no te sorprenda una úlcera gástrica.

(286) Ese estado morboso de autoconmiseración, de sentirte herido por la vida, ¿de dónde procede?, ¿es algo tuyo o lo has heredado, como tantas otras cosas? Es como el llanto del niño perdido que no sabe quiénes son sus padres.

(287) Quizá necesitas una experiencia fuerte, sacudidora, como la del reportero en el barco que navega entre los hielos del ártico; una experiencia que te saque de las rutas conocidas y les exija a tu espíritu y a tu cuerpo otras virtudes, virtudes desconocidas para lo que crees ser. Y cuya ausencia, en tales circunstancias, te obligaría a otro entendimiento. Una experiencia que esté determinada no por las pasiones, sino por la naturaleza o el orden de lo invisible.

(288) Eres incapaz de transferir a otro lo poco que has comprendido de la vida. El origen de esta incapacidad está en el hecho de que tu conocimiento no coincide con tus actos, y esa contradicción te impide hablar de lo que sólo has comprendido a medias y cuya mención pondría en evidencia tus debilidades, la tontería de tus actos.

(289) Desconoces de dónde proviene la relación entre tu angustia y la intensa pulsión sexual que la acompaña. Tampoco sabes dónde se origina tu miedo a ser abandonado.

(290) Una vieja angustia que apesta: la incomodidad profunda de estar a solas contigo mismo.

(291) La pulsión se apodera de ti, te impide hacer cualquier cosa. Eres entonces desasosiego al rojo vivo.

(292) ¿Qué harás ahora que has confirmado que tus rutas te aburren, que las viejas voces de dentro y de fuera ya nada nuevo te dicen, que sólo te tiranizan con el mismo discurso escuchado una y otra vez? ¿Qué harás?

(293) Escribir para constatar que la pose que tanto te gusta, que tanto disfrutas, puede ser también un tormento.

(294) Descubres que tu mundo interior es en verdad reducido: el apetito por la carne ocupa casi todo el espacio. Y temes que pronto, muy pronto, este sea tu solo espacio interior.

(295) Tienes la idea de que ya nunca leerás una página que pueda remecerte. Has tenido el conocimiento en tus manos y no has sabido qué hacer con él; ahora sólo te queda un murmullo cada vez más lejano. ¿Qué novedad o qué texto escondido podrá reemplazar lo que pasó entre tus manos?

(296) Lees tus apuntes de años atrás. Ahora te parece que tus desgarramientos exhalan cierta cursilería. Esto que ahora escribes, ¿será diferente?

(297) Estas notas sirven para dejar constancia de que vives en círculos. Releerlas te deprime. Pasan los años y nada nuevo aparece en ellas: puedes cambiar la persona y hasta el tono en que escribes, pero los contenidos se repiten hasta el cansancio. ¿Para qué sigues en este afán? ¿Es la pura ambición de la trascendencia, la idea de que alguien después los leerá y se hará una idea de ti? ¿En verdad crees que puedan tener un sentido terapéutico, si no has cambiado un ápice desde que comenzaste?

(298) Pendiente: resolver el asunto con tu madre. ¿Por qué le tienes tanto rencor? Es cierto que par-

te de ese sentimiento te lo inculcó tu abuela, pero debe de haber algo más. ¿Qué te hizo? ¿O qué crees tú que te hizo? No lo tienes en la conciencia, pero te afecta y no mengua con el paso del tiempo. ¿Qué tipo de primera infancia tuviste? Fuiste el objeto de una disputa. Tu abuela la ganó en los primeros cuatro años, pero luego tu madre ganó, un poco a medias, ciertamente, porque ya tu abuela te había inoculado la animadversión hacia ella. ¿Qué es lo que no le perdonas? ¿Que te haya sacado del paraíso donde eras el príncipe y te haya llevado a un lugar donde te convertiste en uno más que sería humillado? ¿Por qué no puedes entenderla, perdonarla, y tu corazón aún se encrespa contra ella? ¿Cómo se puede sentir rencor contra una anciana desvalida y que además es tu madre? ¿De dónde esa ansia de juzgarla con dureza? Sería fácil decir que no le perdonas el hecho de que tengas tanto de ella, que te parezcas tanto a ella. Pero debe de haber más.

(299) En estos últimos tiempos, la escritura de estos apuntes se ha convertido en tu principal actividad. No tienes otra ruta creativa; sólo el cuaderno de quejas.

(300) Descubres la voz que te hace creer que eres el seductor, la voz que sólo se satisface si deseas a las que conoces, te gustan y querrías poseer. Es una voz tan vieja como tu memoria, pero por un extraño motivo, cada vez que comienza a sonar, en especial a la hora de la ducha, te parece nueva, como si por primera vez la oyeras, como si representara la parte más genuina de ti. Por eso casi siempre la obedeces y es tan difícil callarla. No sabes qué hacer para sacarla de ti e intuyes que está tan arraigada a tus fantasías sobre ti mismo, a tus más oscuras y profundas motivaciones, que si en alguna circunstancia alguien te ayudara a sacarla de ti, pagarías un precio muy alto, dejarías de ser el que te imaginas ser y sucumbirías.

(301) Sólo te toleras cuando no asumes el yo que te crees. Sólo cuando te burlas de los solemnes que te habitan, mientras los ves desde la barda, puedes disfrutarte.

(302) La torcedura en la mente desgarra los tejidos del cuerpo. Destuércete.

(303) Estás sentado de cara a la noche. Mañana volverás a la pesadilla de la que procedes, donde te formaste, donde te conseguiste la mentalidad que padeces. ¿A qué vas? ¿Has encontrado una respuesta más allá de los «sudorosos lugares comunes»?

(304) Cada quien se busca una coartada para darle sentido a su vida.

(305) Una vez más la ansiedad, la espera, la emoción del adolescente inseguro ante su primera cita. Se vive una y otra vez de la misma manera.

(306) Ahora careces de coartada: o escribes lo que has prometido escribir o lo escribes. Nada más.

(307) Te has sacado la infección de parásitos que traías en las entrañas luego de tu breve estancia en la pesadilla. Y los parásitos que te infectan la mente y el espíritu, ¿cómo te los sacarás?

(308) Padeces embotamiento, incapacidad de reacción. Anoche parecías un orate solitario en la

barra. Pudiste intentar que una de ellas se acerca-
ra, pero estabas completamente atrapado en ti mismo. ¿Lograrás escapar?

(309) De nuevo las dudas sobre el valor de todo
lo que has escrito. De nuevo la sensación de futilidad, del sin sentido de tus exabruptos. Contempla
lo que se filtra por tu ventana: la noche silencio-
sa, las luces que alumbran la blancura del parque.
Aún te quedan cosas por perder. No desesperes.

(310) Esta tarde, en el café, te sentaste a la mesa
de ella. Hablaste. Cuando volvías a casa te sentiste
feo, seguro de que cada vez que abriste la boca fue
para echar un poco de veneno. Y te sorprende tu
incontinencia o tus ganas de impresionar a quien
sólo desagradaste.

(311) Te crearás la fama de bocón, ponzoñoso,
vano. Y bien merecida la tendrás. Aunque no es
eso lo que debería preocuparte, sino la calidad de
lo que te corrompe por dentro, de lo que te hace
hablar de esa manera. Mucha arrogancia y desprecio. Ni la sobriedad te salva.

(312) Cada obra tuya ha respondido al impulso y desarrollo de una impostura. Sólo has podido escribirlas en el arrebato. Si reflexionaras sobre esa impostura, no habría obra. Tu regocijo es insensato.

(313) Esta vez no deberías lamentarte de la soledad que se te viene encima. Es tu destino. Y recuerda: estás entrando a otra edad en la que tu lucidez debería ahorrarte esas retorcidas ataduras emocionales, esa dependencia enfermiza que has tenido de tus dos últimas mujeres.

(314) ¿De dónde te viene la insuperable obsesión con ese orificio? Sabes que es una tontería, pero eso no le resta el peligro que corres dejando tu energía en esa fijación. Es en verdad un hoyo negro que se traga las constelaciones y tu lucidez.

(315) Sueñas con inundaciones: el agua te rodea, amenaza, pero despiertas antes de que te toque. Presagio de que no morirás por el fuego sino por el agua.

(316) La tragedia es tratar de ser el que no se es, gastar la vida tratando de convertirse en el que no se es. Dalton vivió esto al extremo: tenía la lucidez intelectual y la voluntad para ser el revolucionario que su mundo emocional y familiar no le permitía ser. Al final era un bastardo, hijo único, que nunca pudo ni quiso desprenderse de su relación con su madre; al final era un poeta que ansiaba la «fama» y no pudo ni quiso abandonar su carrera de escritor. Fue como Rimbaud en la dependencia materna, pero sin las ganas ni el coraje para dejar de ser el escritor que había sido y convertirse exclusivamente en otro. ¿Por qué haces juicios de él? ¿Y tú?

(317) El invierno se niega a dejar su sitio; la primavera, temerosa, aguarda. Tres semanas de agitación y ahora la gripe, como si el cuerpo pidiera un descanso. Hasta la mano se ha entumecido. Qué cosa.

(318) En el parque, encaramado en lo alto de un poste, hay una especie de gran megáfono. Cada mes, a media mañana, sale por ahí un aullido como los que sólo habías escuchado en las películas de la Segunda Guerra Mundial anunciando un inminente bombardeo aéreo. El aullido es tan fuerte

y aterrorizador que la primera vez que uno lo oye sólo puede pensar que la catástrofe nuclear ha empezado y las bombas y misiles están a punto de caer sobre el pueblito. Dicen que su función es alertar sobre tormentas peligrosas o inminentes tornados, pero mientras tanto lo ponen a prueba cada mes a media mañana, de tal manera que los habitantes sigan acostumbrados al pánico.

(319) «Lo que importa no es el lugar donde estamos afuera, sino aquel donde estamos dentro» (MN).

(320) No hay espacio para tu obra en tu mente. El espacio está ocupado por las ansiedades de tu yo literario: que estos viajes, que aquellas menciones, que esta traducción. Y también por las ansiedades de tu yo oficinista: que este evento, que aquellos materiales. Si no hay espacio en tu mente para tu obra, ¿cuándo la escribirás?, ¿dónde?, ¿cómo?

(321) En dos años tendrás la edad que tenía tu padre cuando murió. ¿Te asustas?

(322) Esa voz nunca más será tu voz. Cada vez que trates de retomarla, de repetirla, te estarás engañando y no engañarás a nadie. Sacúdete el síndrome de la facilidad. Vuelve en ti. Descubre lo nuevo, si es que existe; si no, calla.

(323) Las grandes derrotas se viven en silencio.

(324) Otra vez el sueño acechante, los dos pistoleros, la celada. Como si aún vivieras en ese mundo, como si no estuvieses lo suficientemente lejos.

(325) ¿Cuántos seres humanos inician el día como tú, adormecidos frente al espejo del lavabo, quejumbrosos por la rutina que comienza, sin saber que ese será el último día de sus vidas? ¿Y tú?

(326) Despiertas sin despertar. Preparas el café como sonámbulo. Pero no es el atontamiento lo que te preocupa, sino la falta de ilusión, de alegría.

(327) Es mediados de abril y los árboles del parque permanecen con sus ramas desnudas, sin áni-

mo de retoñar, como si el invierno las hubiese no-
queado de tal manera que no tendrán primavera.
Lo mismo te pasa a ti.

(328) En la época en que tendrías que lograr cierto equilibrio, reposo, sabiduría, gracias a las experiencias, lo leído, el tiempo, no haces más que lamentarte por la fuerza perdida.

(329) Salirte de la vida, pero por tu propia voluntad. Verla como se ve al vecino que corta el césped de su patio; acercarse a veces a la barda, para
una conversación breve y amable, o pasar de largo.

(330) Mes y medio de viajes, mes y medio fuera
de ti mismo, en la pura pose, viviéndola con infelicidad, carente de cualquier sabiduría.

(331) La mente que debería hacer que te concen-
tres en la obra, que enfiles todas tus energías hacia
ese objetivo, es la que, por el contrario, te incita a
la dispersión y la parálisis. Tendrás que conseguir-
te otra mente.

(332) Una prosa correcta, pero exangüe. ¿Para qué?

(333) Lo viste esta mañana. Trataste de controlar cualquier sentimiento frente a su presencia. Actúa con impunidad: le está permitido tomar a esta o a aquella. Pero en el fondo lo que lo mueve es la ceguera y el miedo.

(334) Nunca encontrarás las palabras correctas para expresar un descubrimiento esencial sobre ti mismo.

(335) Envejeces, y en vez de la dureza esperada, eres blandengue, sentimental, llorón. De risa.

(336) Sabes que lo que te conecta con el otro mundo está dentro de ti, pero también sabes que esa parte tuya yace como un miembro tullido por falta de uso.

(337) Sueñas con viejos amigos. Y en el sueño te ves soberbio, con la actitud de que eres superior,

que estás por encima de ellos. Despiertas y descubres que esa idea ha regido tu vida.

(338) Una vez, en Viena, tirado en el césped de un parque, agobiado porque nada vislumbrabas en tu futuro, miraste con descarno tu miedo, percibiste por unos momentos que en verdad eras puro miedo, que la mayoría de tus actos y actitudes sólo respondían al miedo. Fue tal tu asombro que hasta escribiste un breve texto sobre ello. Siete años después, te enteras de que sigues siendo el mismo miedo.

(339) Mientras piensas en lo que has dicho, en cómo recibirán lo que has dicho; mientras giras alrededor de ti mismo sacándote lustre como si fueses una figurilla brillante, no puedes trabajar en lo esencial, en lo que verdaderamente tiene valor y le da sentido a tu vida. Blíndate contra las entrevistas.

(340) Curioso que para crear tu obra hayas tenido que arruinar tu vida. Ahora eres culpa y temblor.

(341) Extraño: tu espíritu está sumido en la oscuridad invernal, aunque al levantar la vista, a través de la ventana, te hiera la luz filosa de un mediodía de verano.

(342) Ella es tóxica. Cada vez que la has visto, saca lo peor de ti. Enseguida te enferma. No la puedes evitar. ¿Qué harás?

(343) ¿A partir de qué momento el ser humano deja de crecer, su espíritu llega al punto máximo de estiramiento y comienza a contraerse? ¿Puede tener conciencia de estar viviendo ese punto de inflexión? Si no puede hacer nada para detenerlo, ¿qué le queda?

(344) ¿Que harás ahora que has descubierto que las formas que utilizas para distraer tu mente sólo la debilitan?

(345) Un idioma pervertido por la codicia. Eso se habla por acá.

(346) Ella no puede vivir sin tacones altos. Su estatura la aplasta.

(347) Descubres que quieres escribir ese libro para demostrar que eres capaz. Puro exhibicionismo. No te está saliendo de adentro. Relees tu prosa y se te revuelve el estómago.

(348) Te empiezan a doler los huesos de las piernas como si fuesen el calibrador de la temperatura que vendrá. Lo comentas con tu madre, quien padece fuertes dolores artríticos. Te dice que te comprende. Quieres preguntarle si en tu caso no es demasiado pronto, pero te quedas con la pregunta en la boca.

(349) Vivir cada día como si fuese el último de tu vida no significa vivirlo con miedo ni desaforadamente. Debe significar otra cosa.

(350) Careces de fuerza interior, por eso te agitas ante cualquiera que te aborde, por eso tu miedo al ridículo, tu ansiedad por quedar bien.

(351) «Si no renuncias a tus recuerdos y a tus sueños, si no dejas de lado la manía y aceptas el horizonte, no saldrás de ese destino que conoces.» (Calipso a Odiseo en «La isla», *Diálogos con Leucó*, Cesare Pavese)

(352) Ella te dice que escribes mucho. Tú sabes que escribes casi nada. Lo curioso es que haya gente que se sorprenda por ese casi nada.

(353) «¿Cómo podemos recordar aquello que no está en la memoria?» (M. Nicoll)

(354) Tú eres uno de los que pasan, de los que no pueden quedarse. Si te quedaras serías uno de ellos; nada te diferenciaría de ellos. Eres ave de paso, no lo olvides.

(355) La muerte interior: la sensación de que no tienes donde apoyarte, el vacío, la pérdida de tus certezas sobre ti mismo.

(356) La has visto en el bar durante dos años. Es rubia, rubicunda. La deseaste desde el primer momento. Luego de un año, de vez en cuando te saludaba. Luego de dos años, te reconoce y a veces te sonríe. Pero nunca has intercambiado más que un saludo con ella. Un perro ladra en tu cabeza.

(357) El ciego, encapuchado en su abrigo polar, sólo es reconocible por el bastón metálico con el que tantea entre la nieve. Es viejo, amargo, un poco agresivo. Siempre lo evitas.

(358) Descubres que sin ella tu habitación parece un campamento de paso.

(359) Te rodeas de incomodidades porque de esa forma crees que podrás escapar en cualquier instante, que nada te ata al sitio en que vives. Estás equivocado: sólo te amargas y consumes la energía que podría servirte para tu escape.

(360) Nunca imaginaste que terminarías en un sitio glacial como éste, arrinconado por el frío y la grisura. Pero quizá dentro de ti hubo un anhelo, un

recuerdo. De otra forma no podrías explicarte que aún permanezcas aquí.

(361) Tu literatura surge de imaginar el que no eres, de fantasear con lo que nunca serás. No lo olvides.

(362) La voz que narra se niega a aparecer. Te sientas frente a la libreta y las voces que ocupan tu mente nada tienen que ver con la historia que quieres contar. Son voces que reclaman, explican, protestan sobre hechos y situaciones ajenos a la ficción.

(363) ¿Qué pasaría si hubieras machacado tanto tu ego con el ajuste de cuentas, si lo hubieras dejado enmudecido con semejante paliza? ¿Volverías a escribir?

(364) Te sorprendes desperdiciando tu tiempo, como si te quedara mucho. Y lo que más te sorprende es que tienes conciencia de ello y no puedes evitar seguirlo haciendo. Tienes que descubrir el momento en que perdiste el control, el momento en que tu voluntad colapsó.

(365) Te has entregado a lo que supones que los otros esperan de ti. Es tu forma de lucirte, de sentirte útil, bueno. Es tu forma de morir.

(366) Vino y se fue. Puso en evidencia voces que no considerabas tuyas, sino de tu madre. Aborreces lo que atenta contra tu imagen de ti mismo. No eres distinto.

(367) ¿Puedes permanecer fuera de circuitos literarios sin que tu fuerza creativa languidezca? Que puedes escribir en cualquier circunstancia, en cualquier situación, siempre que tengas algo que contar, es lo que has dicho. Actúa en consecuencia.

(368) «El teniente Trolla parecía un hombre que no sólo ha perdido su patria sino cualquier añoranza por su patria». (*La marcha Radetzky*, de Joseph Roth)

(369) Miedo a observarte, a despegarte del griterío que te impide escuchar, a seguir atentamente los meandros de tu mente, como se sigue a una hormiga enloquecida porque ha perdido la ruta. Miedo.

(370) El estado de salud del planeta. La vibración dominante que emite hacia el sistema solar. La energía generada por la hebra de emociones y pensamientos de siete mil millones de seres humanos, ¿cómo se percibirá en el espacio interplanetario? ¿Quién la percibirá?

(371) Un esfuerzo por ordenarte te vendría bien. Tu mente está más díscola que nunca, como la muchachita que quiere participar de todos los juegos y asistir a todas las fiestas. Es tiempo de dejar de fantasear. Anuncian una nueva tormenta y nunca has padecido los fríos que se aproximan.

(372) Amanece a 26 grados bajo cero; la sensación térmica es más fría aún. Pero la luz del sol invernal es límpida. Y a medida que corren los minutos el cielo se torna más brillante y el parque relumbra. La temperatura no se inmuta por ello.

(373) Sucede que uno se mete en la trampa. Y que no hay nada excepcional en ello, sólo otra versión ordinaria del cuento sobre la jaula de oro. Y sucede, al igual que en el cuento, que es muy difícil salir, escapar, no tanto por los candados como por

comodidad, costumbre. Nada excepcional. Todo muy ordinario.

(374) Jesús no se pelea con la carne; la padece, la entrega, le estorba; pero no vive en pleito con ella. Es Pablo quien desata la guerra contra la carne, su cruzada. De él vienen los malentendidos, los fanatismos, la torcedura de lo formal, las apariencias. Pablo tuvo su momento de iluminación, le dejaron ver una parte, quizá muy pequeña, y a partir de esa parte se lanzó a su nueva misión. De él procede lo que apesta del cristianismo; pero, al mismo tiempo, sus atisbos de lucidez, su intensa contradicción interna, el desgarre permanente, fascinan.

(375) Han tapiado las ventanas por un par de días, mientras les hacen composturas. No hay luz de afuera, sino sólo de los bombillos. Vives como en un sótano oscuro, sin la blancura del parque de enfrente, sin los transeúntes que pasan agobiados por el frío, sin el cielo de invierno. Ahora sólo ves unos cartones en vez del cristal transparente. Aprovecha.

(376) No le puedes quitar a tu mente —como si nada fuese a suceder— sus rutinas del gozo, lo que

la mantiene anhelante, viva, en movimiento. Algo tienes que darle a cambio.

(377) En este encierro penumbroso, en este frío, te acompañan sólo las imágenes que has creado: los rostros de las mujeres que deseas y que nunca serán tuyas, pero que permanecen en tu memoria como constatación de que sigues siendo quien siempre has sido, y que es la ilusión del placer de poseerlas lo que le ha dado sentido a tu vida. ¿Cómo las borrarás? ¿Para qué?

(378) Si el ardor que gastas en el anhelo de la carne lo gastaras en el anhelo del espíritu, ¿qué otro gallo te cantaría?

(379) No te gustan tus semejantes. Te niegas a compartir el sentido de la especie. Te crees especial, único, aunque sepas que apenas eres uno más entre los siete mil millones, te niegas a aceptarlo.

(380) Los desprecias a todos. No te hagas el bueno. A unos más, a otros menos, pero los detestas a todos.

(381) Cada vez que escribes una ocurrencia, respiras con satisfacción, como si hubieses cumplido tu parte en la tarea universal.

(382) ¿Has escogido la vida que llevas? Piénsalo con calma: ¿has escogido la vida que llevas?

(383) Escribes destruyendo una parte de tu cuerpo. Después de cada libro, algo queda dañado: aquella muela, este dedo, esta otra vértebra. No tienes conciencia de lo que estás dañando hasta que terminas la escritura. El libro en que ahora trabajas también cobrará su precio.

(384) Pretendes trazar un destino donde sólo hubo la voluntad de tus apetitos.

(385) Tienes la sensación de estar vacío por dentro. Tus aprensiones responden a los intereses del mundo que te rodea: dinero, fama, poder. Dicho de otra forma, tienes la sensación de que el mundo de afuera se ha convertido en tu mundo interior. Nada más tienes.

(386) Perder la fe, la certeza de lo invisible. Perder incluso las palabras que explicaban el mundo que antes habitabas.

(387) Te espanta la posibilidad de que haya sido ella, tu abuela, quien haya escrito a través de ti todo lo que has escrito.

(388) Despiertas con un sabor amargo en la boca, con un miedo impreciso, amenazante. Quieres asirte de algo que te permita entrar al día de forma distinta, pero lo que tienes a mano es sólo amargura, miedo.

(389) Tienes de nuevo el vislumbre: en el fondo de ti, más o menos oculto, hay alguien que es lo contrario de lo que tú pretendes ser, alguien para quien los principales valores de la vida son lo contrario de lo que tú pregonas. Es el Fariseo de quien reniegas, de quien nunca aceptarás su existencia; pero es el que rige tus actos.

(390) Te mantuviste hasta ahora con una certeza: la idea de que estabas en contacto con lo invisible,

si no todo el tiempo, al menos en momentos privilegiados. Esto le daba un orden a tu vida interior, precario ciertamente, pero suficiente como para mantenerte a flote. Sabes que ahora has perdido contacto con ese mundo invisible, y hasta con la idea misma de que alguna vez hayas estado en contacto con él. Te aterra aceptar que has vivido una ilusión.

(391) Añoras los tiempos en que escribías para ti, sin ninguna certidumbre de quién publicaría o leería tus escritos.

(392) Y si hubiese varias vidas que no recordamos, como las viejas doctrinas aseguran, ¿no sería posible que algunos de los personajes que con más tino metemos en la ficción hayan existido en verdad y nosotros hubiésemos sido ellos?

(393) ¿Por qué hay en ti tanto impulso de venganza? ¿Por qué te sientes de pronto agraviado por un evento de negocios y continúas mascando el agravio, tan amargo, por horas y días?

(394) Despótico y berrinchudo es el viejo que ya sólo espera de la vida aplausos.

(395) Tu mente mentirosa es la de ella. Por eso estás con ella, por eso no le confías y conviertes lo que te cuenta en una coartada.

(396) Esa mujer carga la fealdad de su cuerpo y de su rostro con mucha más gracia y desenvoltura de la que tú tienes para cargar la fealdad de tus emociones y pensamientos.

(397) La traducción de *Memorias de Adriano* tuvo que haber sido un tremendo aprendizaje para Cortázar. La hizo en 1955, antes de que escribiera sus principales obras. Mantener esa altura de lenguaje y de visión de mundo habrá sido más que nutritivo, lo obligó a un crecimiento, a un estiramiento, mejor dicho, a saltar más allá de sí mismo.

(398) Deja de darte golpes de pecho. Ni siquiera te aflojan las flemas que te atragantan.

(399) Le hubiera gustado ser jefe, de lo que fuera, pero un jefe. Nunca tuvo el temple.

(400) Lees los periódicos cada día; periódicos de muchos países. Lo que buscas en los acontecimientos es la confirmación de que eres listo, agudo, que consigues descubrir entre líneas lo que no todos descubren. Te hace sentir momentáneamente tan importante como los hombres del poder, o más agudo que ellos. Es la masturbación, en otra de sus variables.

(401) Te preguntas por qué no puedes aceptarte a ti mismo, por qué te mortificas por lo que siempre has sido. La aceptación quizá te daría el sosiego. Pero aún estás demasiado metido en tus partes, en tus papeles. Te pierdes en tu amasijo.

(402) Tus días se parecen, aunque cada uno de ellos te parece excepcional. Despiertas triste. Buscas posibles causas para esa tristeza, qué es lo nuevo que ha acontecido en tu vida. Todo te parece oscuro. Temes. Con un poco de distancia te darías cuenta de que se trata de un día más, similar a los demás

de tu vida. Nunca sabrás la razón que te impide ver el ciclo de la repetición.

(403) Cenas con el escritor. Está encantado con su éxito. Mide la resonancia del aplauso con criterios de publicista. Su talento es el de un hombre de negocios que escribe libros.

(404) Dos de Quevedo. Uno: «No sentí resbalar, mudos, los años; / hoy los lloro pasados, y los veo / riendo de mis lágrimas y daños». Dos: «A las promesas miro como espías».

(405) La facilidad para hacer juicios rápidos sobre los otros es algo que traes en los genes. Tu madre es testimonio de ello. Lo curioso es que a ti te repugna esa facilidad para el juicio en ella, sin percatarte de que es una de tus más fuertes herencias.

(406) Las canalladas que has cometido en la vida. ¿Cuándo escribirás sobre ellas?

(407) Te preocupa que ya te estén olvidando cuando aún estás vivo. Observa el tamaño de tu vanagloria.

(408) En la cena, cada comensal saca a relucir sus anécdotas, sus experiencias, las historias de quienes admira o detesta. Cuando llega tu turno, presumes de lo que desde hace mucho tiempo has presumido; son fotos de ti mismo en las que te luces, que te hinchan. Cuando regresas a casa, en un momento de silencio, descubres que son fotos viejas, percudidas, vanas. Te repites. Te repeles.

(409) El sueño americano: ganarse el cielo con dinero, pagando.

(410) Ha caído una nubosidad en tu mente que la embota. ¿Dónde está lo que te ha sucedido? ¿Dónde está lo que quisiste que te sucediera y nunca sucedió?

(411) Las reglas que alguna vez despreciaste, por represivas y castradoras, son las que ahora rigen tu vida.

(412) Experimentas cierta emoción al escribir en la última página de este cuaderno. Ha viajado contigo y te ha servido para hacerte propósitos cuyo cumplimiento no has conseguido. Más de seis años no han servido para cambiarte ni para moverte de donde estabas al principio. Tampoco has descubierto el rasgo oculto que marcaría todo lo que haces; sólo has puesto sobre el papel algunas de sus expresiones, que se repiten aunque cambie el evento y las condiciones de afuera. Todo el esfuerzo parece destinado a exhibirte a ti mismo ante ti mismo, con la esperanza de que una supuesta posteridad te lea con la misma autocompasión con la que te has descrito.

(413) Llegó la hora de cerrar esta etapa. Nada de lo que has dicho de ti en los últimos tiempos es nuevo. Guarda silencio.